UNSERE
TOP-11

Das Beste erleben

Berührend, aufregend und spannend …
sind unsere Ideen, die wir für Ihren Aufenthalt
im Piemont und in Turin zusammengetragen haben.

*** 1 ***

WEINLANDSCHAFT DER LANGHE

Der Anbau der Reben hat eine lange Tradition um La Morra, einige der besten Tropfen der Region Barolo kommen von hier und lassen sich genussvoll verkosten. Ein kleines Museum ist der Weinbautradition gewidmet.

Seite 101

Atmosphäre pur

*** 2 ***

TURIN

Elegant und lebhaft, kantig und szenig – Turin ist interessant als Architekturstadt und cool als Ausgehpflaster.

Seite 67

*** 3 ***

PALIO IN ASTI

Beim Palio in Asti kämpfen historisch gekleidete Reiter um den Sieg für ein Stadtviertel.

Seite 100

Grüne Wunder

• 4 •

LAGO MAGGIORE

Auf den Borromäischen Inseln bilden exotische Pflanzen gemeinsam mit Pavillons und Palazzi ein harmonisches Ensemble.

Seite 39

• 5 •

MAIRA-TAL

Das Valle Maira zeigt viele Gesichter, die es sich zu erwandern oder erradeln lohnt: weite Täler und Schluchten, liebliche Abschnitte und wilde Natur.

Seite 114

• 6 •

GROTTA DI BOSSEA

Lange Gänge, große Säle und Wasser charakterisieren die bei einer Führung zu bestaunende Tropfsteinhöhle südlich von Mondovì.

Seite 115

Imposante Bauten

• 7 •

AOSTA

Relikte des römischen Theaters künden noch von der antiken Vergangenheit des Städtchens.

Seite 51

• 8 •

JAGDSCHLOSS STUPINGI

Repräsentativ bis in den Hirsch auf der Kuppel: das von Filippo Juvarra erbaute Schloss für das Haus Savoyen.

Seite 69

• 9 •

FORTE DI FENESTRELLE

Die größte Festungsanlage Europas ist nach der Chinesischen Mauer das größe Mauerwerk der Welt.

Seite 69

• 10 •

CASTELLO DI MASINO

Über den Hügeln des Canavese prunkt das Schloss mit aufwendiger Dekoration.

Seite 84

• 11 •

ABBAZIA DI VEZZOLANO

Romanik und Gotik sind in der Kirche südlich von Vercelli auf wunderbare Weise vereint, ausdrucksstark ist der Figurenschmuck.

Seite 85

HERRSCHAFTLICH

Hohe, schroffe Berge bilden die mächtige Kulisse für den Auftritt von Burg Aymavilles, umgeben von Wald und Rebfeldern – willkommen im Aostatal!

DAS WEITE BLAU VOR AUGEN

Als schwämme man in den Lago Maggiore hinaus – dieses großartige Empfinden genießen die Gäste im Pool des Hotels La Palma in Stresa. Am Ende eines schönen, langen Reisetags ist so ein Bad perfekt.

IM GALOPP UM DIE EHRE

Die Pferde preschen über die Sandbahn beim Palio von Asti, angetrieben von ihren Reitern, die nur ein Ziel haben: um eine oder zwei Pferdelängen vor den anderen ins Ziel zu gelangen und das Tuch, den Palio, in Händen zu halten – erkämpft für ein ganzes Stadtviertel. Der Sieger stellt sich damit in eine über 700-jährige Traditionslinie.

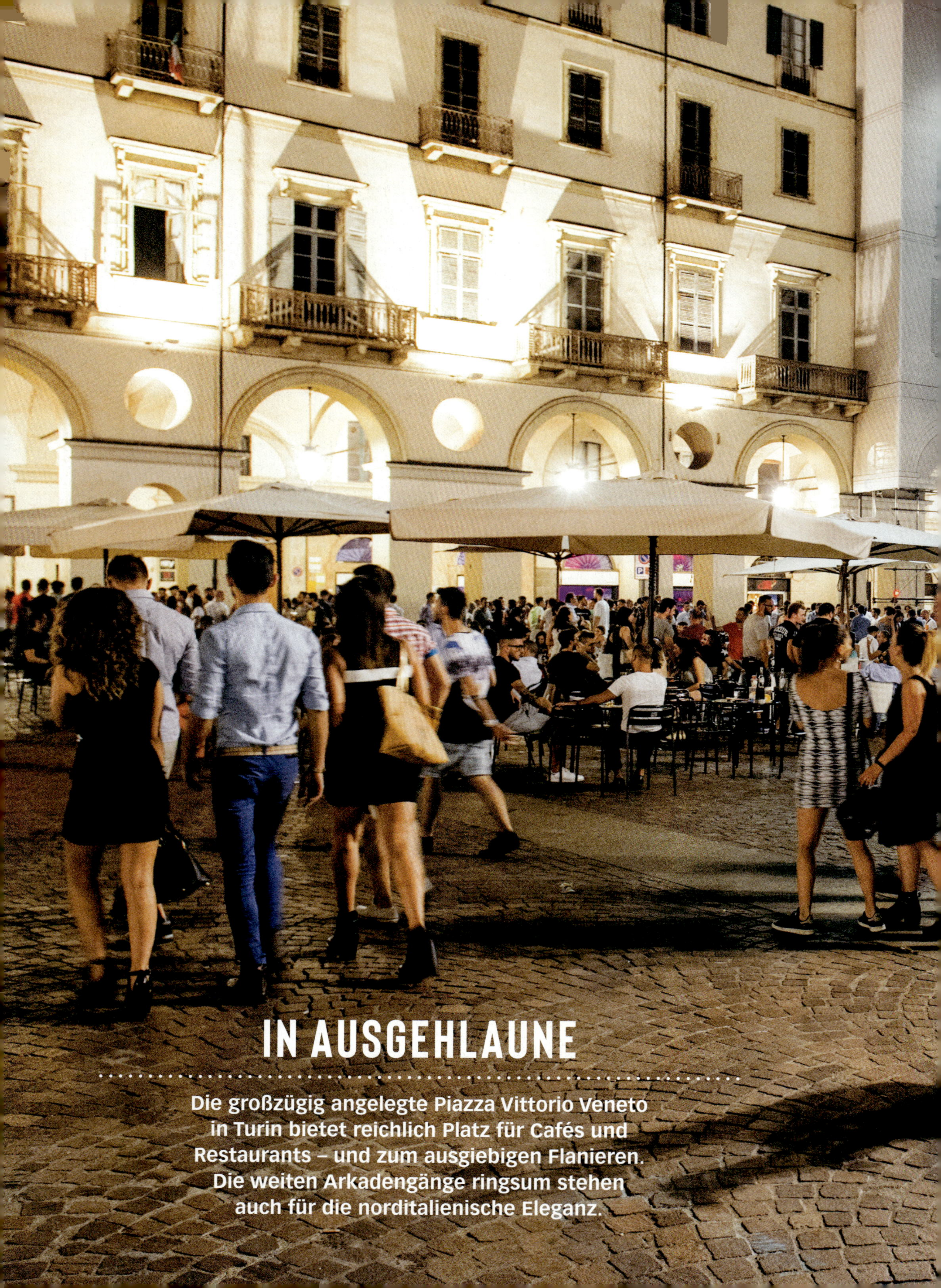

IN AUSGEHLAUNE

Die großzügig angelegte Piazza Vittorio Veneto in Turin bietet reichlich Platz für Cafés und Restaurants – und zum ausgiebigen Flanieren. Die weiten Arkadengänge ringsum stehen auch für die norditalienische Eleganz.

NUOVA 500.
I DETTAGLI NON SONO MAI
SOLO UN DETTAGLIO.
500
NUOVA 500. L'EVOLUZIONE DI UN'ICONA. DAL 3 LUGLIO IN TUTTE LE CONCESSIONARIE.
FIAT
TRANSALP
NEXUS
CJ 40775

DIE STILLE AM HEILIGEN BERG

Bei Varallo befindet sich einer der heiligen Berge (Sacri Monti), Ziel von Wallfahrern im Piemont und von der UNESCO als Weltkulturerbe gelistet. Gläubige können in 45 freskengeschmückten Kapellen (oder davor) für einige Augenblicke in sich gehen.

TH AVE

IN FEINER ELEGANZ

Der Großen Galerie in der Residenz Venaria Reale bei Turin verleihen das Spiel aus Licht und Schatten, die klaren Symmetrien und die den Raum überziehenden feinen Verzierungen ihren starken Ausdruck.

PURER GENUSS

Eine Wohltat für die Sinne: inmitten der Ruhe der Weinberge ein Glas Wein genießen – wie im Hotel L'Ostelliere bei Monterotondo di Gavi, das zum Villa Sparina Resort gehört. Die Trauben aus dieser Region südlich von Alessandria bringen trockene, hochwertige Weißweine wie den Gavi hervor.

Unterkünfte mit dem gewissen Etwas

BERGHÜTTE ODER SCHLOSS?

In einem ehemaligen Kloster schlummern, umgeben von Reben. Künstlerisches B&B-Flair genießen, verbunden mit Weindegustationen. Oder mit hausgemachtem Käse dort frühstücken, wo sich einst die Bettelmönche trafen: Das Piemont bietet für jeden Anspruch und jedes Budget eine Fülle von Übernachtungsmöglichkeiten.

6

1

1 Borgata San Martino

Morgens die Augen öffnen und durch die Balkontür auf nichts als Berge und Himmel schauen. Später im Garten und auf der Holzterrasse die Blumenpracht bewundern. Und sich mit einem üppigen Frühstück für den Wandertag rüsten. Abends zurückkehren zum Fünf-Gänge-Menü: Dieser Posto Tappa inmitten typischer Dorfhäuser im Maira-Tal bietet mehr als nur ein Lager und einen Snack für Ausflügler. Auch Yogaklassen und Kochkurse sind im Programm.

Centro Culturale Borgata, San Martino Inferiore, 12020 Stroppo (CN), Tel. +39 348 8 79 56 85, https://borgata-sanmartino.eu/, DZ, nur mit HP, ab 136 €

2 Albergo della Ceramica

Wo ab dem Jahr 1876 Andrea Salmone unter dem Emblem der blauen Rose Keramikgeschirr produzieren ließ, das später auch Liebhaber auf dem afrikanischen und amerikanischen Kontinent fand, logiert man heute in zehn großzügigen, elegant-gemütlichen Zimmern, teils mit Holzdecken und Gartenblick. Das Haus wird nach dem Slowfood-Gedanken geführt, dementsprechend köstlich ist das Frühstück mit leckeren Basisprodukten wie Schinken, Käse, Joghurt aus der Region Cuneo und Gebäck aus dem eigenen Ofen.

Via XX Settembre 2, 12089 Villanova Mondovì, Tel. +39 0174 59 73 31, www.albergodellaceramica.it, DZ ab 84 €

3 Poderi Einaudi Relais

Bruchstein, Terrakotta und große Fenster sorgen für helle Transparenz und Wohlbefinden im historischen Landhaus der Familie Einaudi, die sowohl einen Staatspräsidenten als auch einen berühmten Verleger und mehrere Musiker hervorgebracht hat. Ab 1897 produzierte sie auch Wein. Heute umfasst der einstige Sommersitz der Einaudis mit bester Aussicht auf die Reblandschaft zehn Gästezimmer (inkl. zwei Suiten) im italienischen Landhausstil (weitgehend mit Originalmöbeln versehen), einen Pool in Flaschenform – und wer mag, kann sich in der nahen Kellerei in die Geheimnisse des Weinmachens einweihen lassen, Verkostung inklusive.

Borgata, Gombe 31, Cascina Tecc, 12063 Dogliani (CN), Tel. +39 0173 7 04 14, www.relaiseinaudi.com, DZ ab 190 €

4 Villa Beccaris

Prächtige Aussicht schon beim Frühstück bietet der filigrane Pavillon des Hotels, das auf dem Gelände eines historischen Gutshauses hoch über dem Ort liegt. Nebenan lockt gleich der Pool und ein großer Park säumt das luxuriöse Anwesen mit seinen drei Gebäuden. Die rund zwei Dutzend Zimmer atmen noble Nostalgie in Creme- und Champagnertönen, teils sind sie mit Stuckverzierung und Deckenfresko geschmückt.

Via Bava Beccaris 1, 12065 Monforte d'Alba (CN), Tel. +39 0173 7 81 58, https://villabeccaris.com, DZ ab 242 €

5

3

5 Relais San Maurizio

Vinotherapie nennt sich das Verwöhnhighlight im Spa des Relais San Maurizio, einem einst klösterlichen Anwesen in den Rebhügeln der Langhe, das mit Originalmaterialien renoviert wurde. Seine mit Holzböden und Tonnendecken versehenen Innenräume sind mit antiken Möbeln eingerichtet. Nach dem üppigen Frühstück unter Deckenfresken schweift der Blick von den Gartenterrassen weit über die Weinlandschaft, in der die Trauben für den Barbera d'Asti und den Spumante reifen. Das zugehörige michelinbesternte Restaurant Guido da Costigliole in einem schönen historischen Gewölbe serviert Spezialitäten aus der Region, zeitgenössisch interpretiert.

Località San Maurizio 39, 12058 Santo Stefano Belbo (CN), Tel. +39 0141 84 19 00, www.relaissanmaurizio.it, DZ ab 486 €

6 Residenza dell' Opera

Ein eigenes kleines Reich mitten in Turin – und weitgehend über seinen Dächern: Die 16 Zimmer und Studios des Belle-Époque-Palais zwischen Mole Antonelliana und den Ufern des Po bieten zeitgenössische Eleganz in dezenter Farbigkeit, teils mit Holzbalkendecken, eigener Küche und Salon. Sie verteilen sich auf alle fünf Etagen des restaurierten Palazzo.

Via San Massimo 17, 10123 Turin, Tel. +39 011 88 24 99, https://residenzadellopera.com, DZ ab 194 €

7 Castello di Pavone

Stilecht schlummern im Schloss: Das Castello di Pavone geht bis aufs Mittelalter zurück und wurde im 19. Jahrhundert restauriert. Seine 27 Gästezimmer atmen heute den Geist der Vergangenheit und sind mit modernen Annehmlichkeiten verbunden. Die Restauranträume sind mit Fresken bemalt, mit Savonarola-Sesseln, echten Perserteppichen, Silber und Kristall ausgestattet. Im Schlosspark mit tropischen Gewächsen plätschert sogar ein Wasserfall.

Pavone Canavese (TN), via Dietro Castello, Tel. +39 0125 67 21 11 www.castellodipavone.com, DZ ab 175 €

8 La Capuccina

Erbaut auf einem Gelände, das einst der Treffpunkt von Bettelmönchen auf ihrem Weg von Varallo Pombia ins Vercellese war, entstand ein Agriturismo-Resort aus neun schlichten Zimmern in teils kräftigen Farben und teils mit Blick auf Rebenfelder. Ein kleiner Pool, ein Billardzimmer und der schöne gemeinsame Gastraum zum Frühstück tragen zum charmanten Ambiente der Unterkunft bei. Mit Milch von eigenen Ziegen und Kühen wird Käse produziert, zudem wird eigener Wein gekeltert.

Strada Capuccina 7, 28060 Cureggio (NO), Tel. +39 0322 83 99 30, https://lacapuccina.it, DZ ab 100 €

Lago Maggiore und der Norden

EIN HAUCH DES SÜDENS

Mediterrane Gärten mit Zitrusfrüchten und Palmen, Grandhotels mit viel Historie, von der UNESCO geschützte heilige Berge: An den Ufern des Lago Maggiore und im Hinterland des größten norditalienischen Sees reiht sich eine Vielfalt natur- und kulturgeschichtlicher Entdeckungen aneinander.

Üppige Vegetation umfängt Cannero am nordwestlichen Ufer des Lago Maggiore. Von den Hotels eröffnen sich wunderschöne Blicke.

Beinahe ein Muss ist die Überfahrt hinüber zur Isola Bella, die ihrem Namen alle Ehre macht. Sie gehört mit der Isola Madre und der Isola dei Pescatori zu den Borromäischen Inseln, die sich durch ein angenehm warmes Klima auszeichnen.

Das Schöne am Lago Maggiore: Manche Hotels, wie das La Palma in Stresa, reichen mit ihren Terrassen nah ans Ufer heran, sodass beim abendlichen Aperitif kein Haus, kein Baum den Blick verstellt.

Nahe der Schweizer Grenze liegt Cannobio mit mittelalterlichem Flair.

Alle an Bord? Dann legt Kapitän Morandi mit dem Solarboot von Cannero ab.

UNTER EINEM MAKELLOSEN AZUR GLEISSEN DIE WEISSEN FASSADEN DER NOBLEN BELLE-ÉPOQUE-HOTELS AM LAGO MAGGIORE.

Bei gutem Wetter sind sicher fünfzig Boote draußen", weiß der Kapitän einer der vielen kleinen Schifffahrtsunternehmen in Stresa. An diesem frühen Maimorgen indes schlägt der See hohe Wellen, am Himmel hängt eine lückenlose graue Wolkendecke – und nur etwa ein halbes Dutzend *motoscafi* kämpft sich gegen den Wind aus dem Hafen hinaus und hinüber zu den Borromäischen Inseln. Statt auf den Restaurantterrassen und den Bänken der begrünten Uferpromenade drängen sich die Menschen in den *Osterie* und *Trattorie* im Ortskern, wo vor ein paar Stunden die Markthändler ihre Stände aufgebaut haben.

Doch schon am Nachmittag liegt der See wieder in strahlendem Sonnenschein, und unter einem makellosen Azur gleißen die weißen Fassaden seiner noblen Belle-Époque-Hotels, in denen einst die europäische Prominenz logierte und das mediterrane Klima des Lago genoss. Selbst Ernest Hemingway nahm in Stresa mehrfach eine Auszeit vom Alltag; der Ort und das Grand Hotel des Iles Borromées spielen sogar eine Rolle in seinem Roman „In einem andern Land".

GRANIT UND KLARES WASSER

Heute gibt es keine direkte Bahnverbindung mehr zwischen Stresa und London, Paris, Venedig oder Konstantinopel, wie zu Zeiten des Simplon-Orient-Express. Doch die Superstrada 33 schlängelt sich malerisch am gesamten piemontesischen Ufer des Lago Maggiore entlang, bis hinauf nach Feriolo kurz vor dem stillen kleinen Lago Mergozzo.

Auf ihm sind keine *motoscafi* zugelassen, nur Ruderboote und Kajaks. Zwischen den Ufern des blitzsauberen Lago Mergozzo und dem Fluss Toce sind immer wieder große Steinblöcke in diversen hellen Farbschattierungen zu entdecken: grau, cremefarben, bläulich oder mit rötlichen Einsprengseln. Granit. Seit der Römerzeit wird er hier, um Montorfano, abgebaut. Sowohl die Portici, die Laubengänge von Turin, so heißt es, als auch der Mailänder Hauptbahnhof seien zumindest in Teilen mit dem Granit des Lago Mergozzo erbaut.

HEILIGE BERGE

Eindrucksvolle Architektur krönt auch den Lago d'Orta. Auf einer Anhöhe am Ostufer, über dem Hauptort San Giulio, drängen sich die Kapellen des Sacro Monte. Angelegt wurde das Ensemble, von dem sich eine prachtvolle Aussicht auf den See mit seiner Klosterinsel und die umliegenden Hügel bietet, zu Ehren des heiligen Franz von Assisi. Die Bauten aus dem 16. bis 18. Jahrhundert sind in-

Im Umland des Lago d'Orta wird weiterhin Wert auf Handwerk gelegt – sei es durch den Figurenschnitzer Valentino Alessi, sei es in der Käseproduktion Castagna in Ornavasso. Auch eine der Wallfahrtsstätten liegt in der Region: der Sacro Monte della Santa Trinità in Ghiffa (oben rechts).

Schon die Namen der Produkte sind ein kulinarisches Versprechen im Restaurant Lago delle Rose in Ornavasso: salame, fegato, formaggio di capra, lardo.

Von Orta San Giulio schweift der Blick über den Ortasee zur Isola San Giulio hinüber. Dort erhebt sich die dreischiffige romanische Basilika und daneben der ehemalige Bischofspalast.

NEUN ANDACHTS- UND PILGERSTÄTTEN GEHÖREN ZUM UNESCO-WELTERBE DER SACRI MONTI IN NORDITALIEN.

zwischen Teil des UNESCO-Welterbes, zu dem insgesamt neun Andachts- und Pilgerstätten in Norditalien gehören: Sieben liegen im Piemont, darunter auch der Sacro Monte di Varallo vom Ende des 15. Jahrhunderts sowie die Heiligen Berge von Ghiffa, Oropa, Belmonte, Graglia und Crea. Letzterer befindet sich in den Monferrato-Hügeln.

WOLLE UND BIER

Schon bei der Einfahrt in die Stadt Biella bietet sich dem Auge nicht nur das atemberaubende Gipfelpanorama des Monte-Rosa-Massivs am Horizont, sondern es begrüßt den Besucher (so er von den Seen anreist oder aus Richtung des Sesiatals) gleich auch der Slogan „Città della lana“: Stadt der Wolle.

Wobei der Cervo, an dem Biella liegt (er war stets ein Fluss der Arbeit, nicht des Vergnügens, sagen die Einheimischen), durchaus auch für das innere Wohlbefinden der Menschen sorgt: An seinen Ufern wird seit 1846 das Menabrea-Bier gebraut, mit Wasser allerdings aus Oropa, dem ein gutes Dutzend Kilometer nördlich gelegenen kleinen Kur- und Wallfahrtsort.

Menabreas Ruf geht längst über den Norden Italiens hinaus. Und bereits ab den 1980er-Jahren lud das noch immer von den Nachfahren seiner Gründer geführte Unternehmen junge Künstler regel-

Die Oberstadt Piazzo in Biella war einst politisches Zentrum. Heute kommt man unter den Arkaden auf der Piazza Cisterna gerne auf ein Schwätzchen und zu einem Caffè zusammen.

Recht schlicht wirkt der Palazzo della Cisterna am gleichnamigen Platz in Biella-Piazzo.

Kleine Plauderei vor prachtvollem Freskenschmuck auf der Isola San Giulio im Ortasee.

Rund 600 Meter über dem Fluss Sesia breitet sich die Anlage des Sacro Monte di Varallo aus. 600 Figuren und 4000 gemalte Darstellungen schmücken die 45 Kapellen.

Special

Modeunternehmen

Haariges zum Schutz und Schmuck

Der Name Ermenegildo Zegna steht in der Mode für feinste Tuche aus Wolle. Trivero, der Sitz des Unternehmens, liegt im Gebiet von Biella, wo auch Nino Cerrutis Großvater einst seine Stoffmanufaktur gründete und das Lanificio Colombo zu Hause ist. Zu dessen Kunden zählen u. a. Prada, Armani und Hugo Boss.

Im wasserreichen Biellese am Fuß der Alpen hat die Kunst des Spinnens, Webens und Filzens eine lange Tradition. Seit Mitte des 19. Jahrhunderts entwickelte sich aus den familiären Anfängen eine international renommierte Tuchindustrie.

Rund 600 Spinnereien und ca. 350 Webereien sind noch heute im Gebiet der Flüsse Cervo, Strona, Séssera und Elvo aktiv, deren reines Wasser inzwischen oft auch wiederaufbereitet wird – etwa drei Liter braucht es für die Zurichtung von einem Meter des feinsten Tuches. Allerdings verarbeitet das Gros der Unternehmen statt der rauen Schafswolle in der Regel heute meist das Haar von Kaschmirziege und Yangir, von sibirischem Steinbock, Guanaco, Kamel und Vicuña. Inzwischen wurde aber ein Konsortium in Biella gegründet, das es sich zum Ziel setzt, Wolle einheimischer Tiere zu verwenden.

Fabrikverkauf in der Lanificio Colombo

mäßig zur Gestaltung der Flaschenetiketten ein und ehrte sie – bis 2018 – mit dem Menabrea Art Prize.

ÜBER MODE ZUR STIFTUNG

Kunst und Stiftungsengagement spielen inzwischen auch eine wichtige Rolle im Zusammenhang mit der langjährigen Textiltradition des Biellese. So entstand 1998 in der ehemaligen Wollfabrik Trombetta von Biella auf Initiative des Bielleser Künstlers Michelangelo Pistoletto die Cittadelarte. Die „Kunststadt" des wohl bekanntesten Vertreters der Arte Povera umfasst heute neben einer Reihe seiner Werke auch „Arte al Centro", eine Reihe von Ausstellungen und Treffen, sowie die Ideen-Universität UNIDEE. Auch für andere industrielle Denkmäler der Region gab und gibt es Projekte: So zählt in Pray das einstige Lanificio Zignone – im Volksmund Fabbrica della Ruota (Radfabrik) – inzwischen zum Netz der Bielleser Ecomusei.

Ermenegildo Zegna, der Gründer des gleichnamigen Modeunternehmens, konzentrierte sein Engagement auch auf die Natur. Bereits in den 1930er-Jahren begann er die heute nach ihm benannte Panoramastraße zu planen. Er finanzierte die Anpflanzung Tausender Bäume, Rhododendren und Hortensien zwischen Trivero und Rosazza und schuf auf diese

Nicht weit vom Sesia entfernt liegt das Städtchen Gattinara in den Bielleser Voralpen.

Die Schafzucht wie hier bei Borgosesia war Grundlage und ist weiterhin Bestandteil der Textilindustrie in der Region um Biella.

Weise einen harmonischen Garten in der Berglandschaft. Aus diesen Anfängen heraus erwuchs die Oasi Zegna, durch die verschiedene Themenwege führen, aber auch Mountainbikerouten.

IM NAMEN DER SCHREIBMASCHINE

Unaufhörlich netzt das aus dem grauen Stein rinnende Wasser das kleine Relief mit dem Konterfei eines bärtigen älteren Herrn. Bei dem ungewöhnlichen Brunnen am Fuß jenes Felsens, auf dem im Mittelalter das Castello di San Maurizio stand, handelt es sich um ein Denkmal zu Ehren von Camillo Olivetti. Er gründete im Alter von 28 Jahren jene Firma, die ab 1908 lange Zeit die wirtschaftlichen Geschicke seiner Heimatstadt Ivrea und die der Region prägen und bereits

CAMILLO OLIVETTI GRÜNDETE JENE FIRMA, DIE LANGE ZEIT DIE WIRTSCHAFT VON IVREA PRÄGTE.

1911 mit der Vorstellung der ersten Schreibmaschine verblüffen sollte. Wenige Schritte vom Bildnis entfernt erinnert eine Metallstele an seinen Sohn und Nachfolger Adriano. Dieser definierte erstmals die Gestaltung als tragendes Mittel des Familienunternehmens und ließ als äußeres Zeichen der künftigen Firmenphilosophie den Geschäftssitz 1938 von der väterlichen Backsteinfabrik in ein neues Gebäude mit Glasfassade verlegen.

Konzipiert hatten es im Auftrag Adrianos die jungen Mailänder Architekten Luigi Figini und Gino Pollini, Vertreter des sogenannten Razionalismo. Frühe Olivetti-Bauten sind erhalten: an der Via Jervis, die aus dem von der Dora Baltea umtosten Ivrea ins Canavese hinausführt. Gleiches gilt für Wohnkomplexe, die Olivetti für seine Arbeiter bauen ließ. Kühn ist jener von Talponia an der Via Carandini, der sich mit weitem Schwung in die Landschaft schmiegt.

Die Oasi Zegna ist ein gut hundert Quadratkilometer umfassendes Areal. Eindrucksvoll ist der Blick zum Monte Rosa, dessen Spitzen fast das ganze Jahr über schneeüberpudert sind.

Im Marienwallfahrtsort Oropa bei Biella sind 12 der 19 Kapellen der Muttergottes geweiht.

Gärten am Lago Maggiore

BLÜTENPRACHT MIT TRADITION

Palmen, Zitronen, Azaleen, Rhododendren: An den Ufern des Lago Maggiore und auf den Borromäischen Inseln zeigt die Natur eine ungeahnte Vielfalt. Mediterrane und subtropische Pflanzen gedeihen in den Mikroklimata der Region ebenso wie alpine Gewächse.

Die Isola Madre zählt zu den ältesten botanischen Gärten Italiens und bezaubert mit ihrer Vielfalt an Pflanzenarten.

Sieben Meter misst der Stamm des gigantischen Kampferbaums im Renaissancegarten der kleinen Isola Bella. Und auf der Isola Madre stand bis zu einem großen Unwetter die größte intakte (Kaschmir-) Zypresse Europas. Inzwischen sind ihre Wurzeln wieder eingegraben, ihre Äste versorgt, und ein ausgeklügeltes Seilsystem hält den mehr als 200 Jahre alten Baumriesen aufrecht. Auch von den klimatischen Schäden, die sie vor einigen Jahre erlitten, haben sich die Gärten und Parks des Lago Maggiore nahezu spurlos erholt.

ANFÄNGE IN DER BELLE ÉPOQUE

Fast alle der prachtvollen Anlagen gehen auf das 19. Jahrhundert zurück. Nahezu jede Villa auf der piemontesischen Seite des Sees grenzte damals, ebenso wie die neu erbauten Grandhotels, mit ihrem Grün unmittelbar ans Wasser. Nach der Realisierung der Napoleonischen Uferstraße, die längs des Seeufers führt, war es für das Gros der Besitzer allerdings mit diesem Privileg vorbei. Unberührt von Asphaltbändern und Abgasen blieb die üppige Vegetation der Inseln. Ihre Anfänge keimten, wie jene der Festlandgärten, meist in der Belle Époque. Die Isola Madre, einst San Vittore gewidmet, war ursprünglich ein reiner Olivenhain. Ihr Mikroklima begünstigt heute unter anderem das Wachstum von Glyzinien, seltenen subtropischen Pflanzen sowie zahlreichen exotischen Blumen.

Im Grün entdeckt der Besucher chinesische Fasane und indische Pfauen; in den Volieren zwitschern Kanarienvögel und plappern Zwergpapageien. Schon die Schriftsteller Gustave Flaubert und Stendhal rühmten die Zeugnisse weltweiter Natur auf der knapp acht Hektar großen Insel.

EIN TRAUM VON EINEM (ENGLISCHEN) GARTEN

Rhododendren buschen sich mit lila-, pink- oder leicht orangefarbenen Blüten auch in den Gärten der Villa Taranto. Auf 16 Hektar hatte der Spross einer schottischen Reederfamilie ab den 1930er-Jahren begonnen, seinen Traum eines englischen Gartens zu realisieren. Aufmerksam geworden war Captain Neil Boyd McEacharn

In den Gärten der Isola Madre mischt sich das Blau des Pfauenfederkleids mit dem Violett und den Fliederfarben der Rhododendronbüsche.

Seit 1952 sind die Taranto-Gärten öffentlich; sie umfassen inzwischen rund 20 000 Pflanzenarten. Die Bauten in Verbania Pallanza fügen sich harmonisch ins Bild ein.

Fakten & Informationen

Borromäische Inseln:
Anfahrt von Stresa, Baveno und Verbania Pallanza per Boot (Fahrt ca. 7,80 €, Hin-/Rück), Frühjahr bis 1. Nov.; Eintritt: Isola Bella 20 €, Isola Madre 17 €, Kombiticket (inkl. Rocca di Angera oder Park Pallavicino) 35 €, Öffnungszeiten: www.isoleborromee.it/de/oeffnungszeiten

Verbania-Pallanza, Villa Taranto:
Giardini Botanici Villa Taranto, Via Veneto 111, Verbania, www.villataranto.it, Frühjahr bis 1. November tgl. 9.00 bis 18.00/19.00 Uhr, Eintritt 12 €

Giardino Alpinia:
Viale Mottino, 26, Alpino di Stresa, http://giardinobotanicoalpinia.altervista.org, April–Nov. 9.30–18.00 Uhr, Eintritt: 5 €

Parco degli Agrumi:
www.cannero.it/it/cannero-riviera/il-parco-degli-agrumi, Zitruspark immer geöffnet; Dokumentationszentrum April/Sept. So. 16.00–18.00, Mai auch Sa., Juni–Aug. Sa./So. 17.00–19.00 Uhr. Jeden Sonntag im Juli und August: kostenlose Führung durch Cannero und den Zitruspflanzenpark, Treffpunkt: 17.00 Uhr am Museum.

auf das Grundstück durch eine Anzeige in der „Times“, aufgegeben von der Marquise von Sant'Elia. Die Dame wollte ihr bei Pallanza am Ufer des Lago Maggiore gelegenes Anwesen veräußern.

McEacharn ließ einen großen Teil der vorhandenen Vegetation entfernen und imposante Aushubarbeiten vornehmen. So entstanden beispielsweise ein künstliches Tal (La Valetta) und Terrassen mit Wasserfällen, Seerosen- und Lotosblüten-Teichen. Eine Bewässerungsanlage wurde installiert; Schilf- und Wintergarten wurden angelegt. McEacharn setzte man nach seinem Tod im Jahr 1964 in einem Mausoleum inmitten seines Gartens bei, den er schon zu Lebzeiten dem italienischen Staat vermacht hatte.

WO DIE ZITRONEN BLÜHEN

Etwa zur selben Zeit wie McEacharn bei Pallanza begann ein gewisser Igino Ambrosini mit einigen Freunden bei Stresa sein botanisches Interesse in großem Maßstab umzusetzen. An den Hängen des Monte Mottarone gründete er 1934 „Duxia“ (der Name spielt auf den Duce an), den heute zweitgrößten alpinen Garten Italiens. Mit der Panoramaseilbahn geht es von Stresa aus hinauf zu dem rund 40 000 m² großen „Balkon über dem See“, der inzwischen schlicht Giardino Alpinia heißt, von den Gemeinden Stresa und Gignese sowie einem Verband getragen wird und rund 800 botanische Arten aus den italienischen Alpen und Voralpen, dem Kaukasus, China und Japan vereint.

LIMONEN, MANDARINEN & CO.

Doch zurück an den See, genauer: nach Cannero Riviera. Den Limonen, Mandarinen, Pampelmusen und auch den Orangen in den Gärten widmet sich der Parco degli Agrumi. Er entstand als gemeinsames Projekt der Gemeinde und der Universität Turin mit dem Ziel, über die traditionelle landwirtschaftliche Sparte der Region zu informieren und außerdem weitere Forschungsergebnisse zu den morphobiologischen Charakteristika der Cannereser Zitrusfrüchte zu erhalten.

Am Ufer des Lago Maggiore entfaltet Cannero Riviera seinen Zauber vor allem, wenn Rhododendren und Azaleen in Blüte stehen. Die Organisation Parco degli Agrumi erforscht hier die Entwicklung der regionaltypischen Pflanzen.

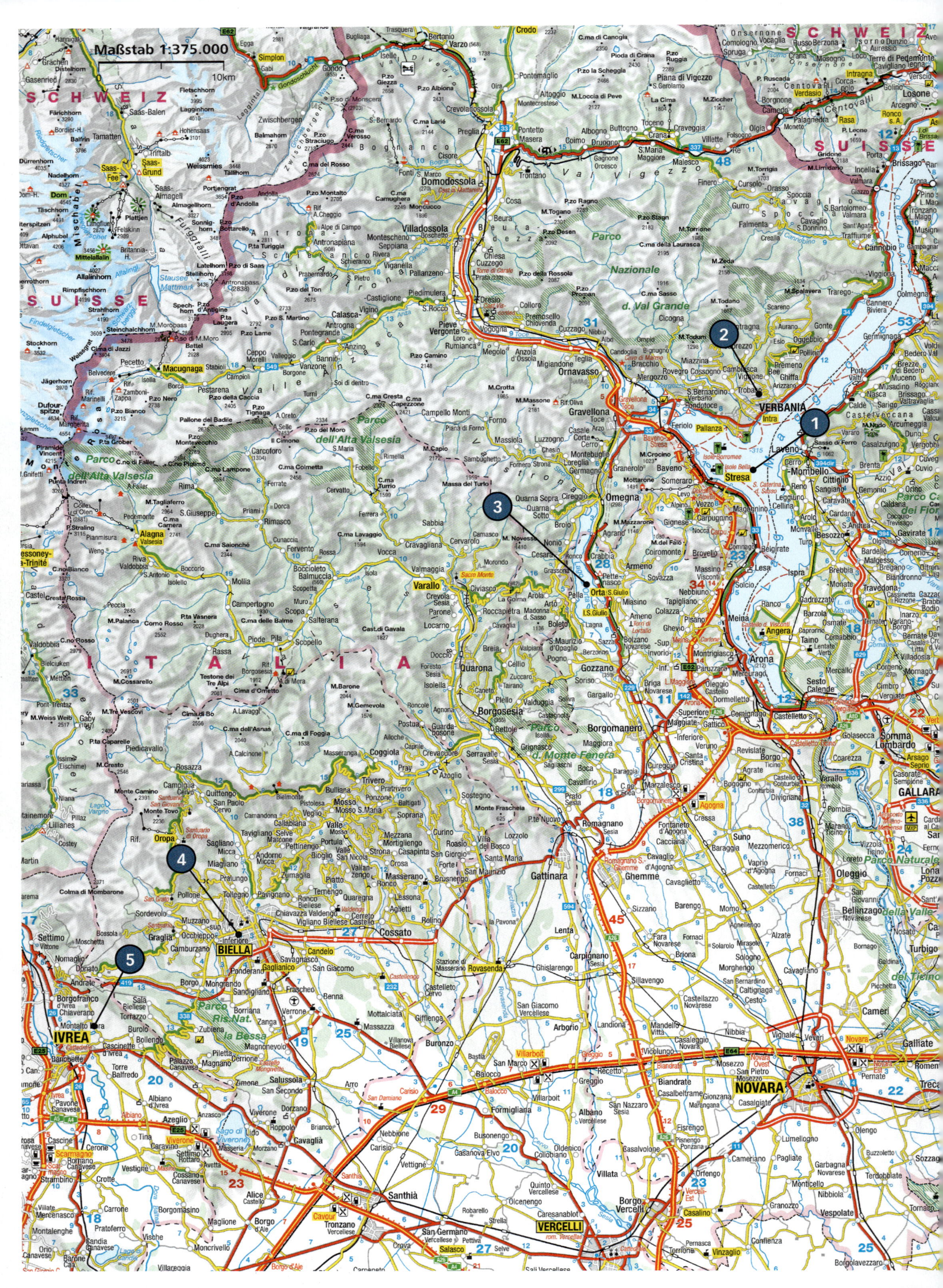

Maßstab 1:375.000
10km
SCHWEIZ
SUISSE
ITALIA
1
2
3
4
5
Simplon
Crodo
Varzo
Saas-Fee
Saas-Grund
Macugnaga
Alagna Valsesia
Parco dell'Alta Valsesia
Domodossola
Villadossola
Parco Nazionale d. Val Grande
Cannobio
Cannero Riviera
Brissago
VERBANIA
Intra
Pallanza
Stresa
Baveno
Laveno
Ornavasso
Gravellona Toce
Omegna
Orta S.Giulio
Varallo
Borgosesia
Gozzano
Borgomanero
Arona
Angera
Sesto Calende
Somma Lombardo
Oropa
BIELLA
Cossato
Gattinara
IVREA
NOVARA
Galliate
Oleggio
Santhià
VERCELLI

WASSER, WOLLE, WORTMASCHINEN

Noble Belle-Époque-Bauten künden von der Blüte des frühen Tourismus am Lago Maggiore; es beeindrucken Landschaft und sakrale Architektur in der Umgebung des Ortasees. Tosende Bergbäche machten die Bielleser Tuchindustrie erst möglich. Um Ivrea zeigt die Natur ihre Kraft in Gestalt eines gigantischen Moränenrings.

1 Stresa

Große Dichter wie Stendhal, Lord Byron oder Charles Dickens rühmten bereits den eleganten kleinen **Bade- und Luftkurort** (5000 Einw.) am Golf von Borromeo. Als Strixia 998 erstmals schriftlich erwähnt, entwickelte sich die ehemalige Fischer- und Bauernsiedlung zu Füßen des Monte Mottarone zunächst zum Lehnsgut diverser Herren. Ab Mitte des 15. Jh.s prägte die Mailänder Adelsfamilie Borromeo die Geschicke von Stresa; von 1748 an hatten die Savoyer das Sagen. Der Bau der Napoleonischen Straße und der Eisenbahnlinie – einst Station des Simplon-Orient-Express – förderte den touristischen Aufschwung.

Tipp

Seeklänge

Eine Vielfalt von Konzerten erklingt bei den Festivals der *laghi*, angefangen mit dem **Stresa Festival** in Stresa (Beginn Mitte Juli bis Anf. Sept. www.stresafestival.eu) über das **Festival Il Lago Cromatico** mit Stationen u.a. in Angera, Ranco und Cerra am lombardischen Ufer des Lag Maggiore (Aug./Sept., www.illagocromatico.com) bis hin zum Gitarrenfestival **Un Paese a Sei Corde** (Ende Jun–Ende Aug., www. unpaeseaseicorde.it), das u.a. Station macht in Stresa und Baveno sowie in Gemeinden rund um den Orta-See.

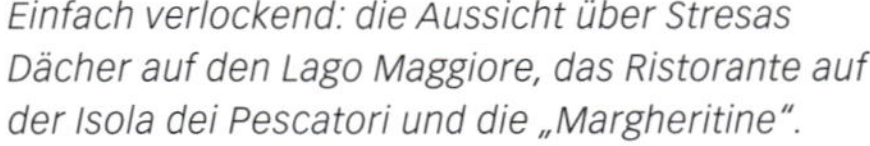

Einfach verlockend: die Aussicht über Stresas Dächer auf den Lago Maggiore, das Ristorante auf der Isola dei Pescatori und die „Margheritine".

SEHENSWERT

Am **Lungolago,** der begrünten Uferpromenade, künden noble Hotels und elegante Villen von der Blütezeit Stresas im 19. Jh. Reste der mittelalterlichen Burgringmauer sind noch im Park der **Villa Pallavicino** (19. Jh.) zu sehen. Die 20 ha große Anlage umfasst auch einen Tierpark (www.isoleborromee.it/parco-pallavicino, März–Okt., tgl. ab 10.00 Uhr). Vom Hafen Stresas (ebenso wie von Baveno und Verbania aus) verkehren Boote zu den **Borromäischen Inseln** TOPZIEL. Direkt dem Ort gegenüber liegt die **Isola Bella** (Park und Palast der Borromäer), weiter nordwestlich erstreckt sich die **Isola dei Pescatori.** Das größte Eiland, die **Isola Madre** mit dem Botanischen Garten, sieht der Reisende auf halber Strecke von Baveno nach Verbania aus dem See ragen.

UMGEBUNG

Vom **Monte Mottarone** (1491 m, Seilbahn; 20 km westl.) bietet sich ein herrlicher Panoramablick zu den sieben umliegenden Alpenseen und Bergmassiven, u. a. jenem des Monte Rosa. **Arona** (18 km südl.), das südliche Tor zum Lago Maggiore, bezaubert durch seine Barock- und Renaissancebauten sowie Relikte mittelalterlicher Architektur.

INFORMATION

Ufficio Turistico Città di Stresa, Piazza Marconi 16 (nahe der Schiffsanlegestelle), Tel. 0323 301 5 03 13 08, www.stresaturismo.it

2 Verbania

Als „Garten am See" rühmt sich die jüngste und größte Gemeinde (31 000 Einw.) des mittleren Lago; sie ging aus dem Zusammenschluss von Intra mit Pallanza hervor. Die beiden Orte sind am Seeufer durch die Landzunge Promontorio della Castagnola getrennt, auf der zahlreiche historische Villen stehen.

SEHENSWERT
Eine der Villen ist die 1880 erbaute **Villa Taranto** (nicht zu besichtigen). Um sie erstreckt sich auf ca. 16 ha der Botanische Garten mit dem gleichen Namen (gegenüber der Schiffsanlegestelle; S. 36). Er beeindruckt durch das Zusammenspiel aus englischen und italienischen Gartenelementen. Den historischen Stadtkern von **Intra** prägen barocke und neoklassizistische Architektur (u. a. auf der Piazza San Rocco und in der Via de Bonis). In **Pallanza** lassen sich zwischen Palazzi und Villen aus dem 15. bis 19. Jh. die beiden mittelalterlichen Ortskerne La Villa und La Piazza erkennen.

HOTEL
Von den seeseitigen Zimmern des 1870 erbauten **€ € € € Grand Hotel Majestic** hat der Gast einen herrlichen Ausblick über den Lago (Via Vittorio Veneto 32, Tel. 0323 50 97 11, www.grandhotelmajestic.it).

UMGEBUNG
Bei **Ghiffa** (6 km westl.) befindet sich einer der Sacri Monti. **Cannero** (16 km nördl.) führt wegen seines sehr milden Klimas den Zusatz Riviera. Auf zwei vorgelagerten Inselchen überdauerten die Ruinen des Castello di Cannero und der Castelli di Malpaga (12./14. Jh.). Die Promenade von **Cannobio** (22 km nördl.) gilt als eine der schönsten des Lago Maggiore. Westlich befindet sich der **Lago Mergozzo** mit dem gleichnamigen Ort. Von einem Aussichtspunkt in **Montorfano** (9 km westl.) fällt der Blick auf die Mündung des Toce in den Lago Maggiore.

INFORMATION
Comune di Verbania, Palazzo Civico – Piazza Garibaldi 15, Tel. 0323 54 22 50, https://viviverbania.it

Tipp

Nachhaltigkeit im Fokus

Schritt für Schritt eroberte die Natur den Bereich zurück, der über Jahrhunderte durch Abholzungen und Viehwirtschaft umgestaltet worden war. Mittlerweile ist die Region westlich vom Lago Maggiore die größte „wilde" Fläche Italiens. Seit 2013 ist der Parco Nazionale della Val Grande als Geopark ausgewiesen. Thementouren geben Aufschluss über die Umwelt, spezielle Pflanzen oder Einflüsse der Zivilisation. Jede Route steht unter dem Zeichen der Nachhaltigkeit: Der Park erhielt die Charta für nachhaltigen Tourismus in Schutzgebieten.

www.parcovalgrande.it, www.parks.it/parco.nazionale.valgrande/Gnov.php

Formen der Idylle: Kanufahrt über den Lago d'Orta bei San Giulio (oben), Klostergang in Sacro Monte di Oropa (rechts).

3 Orta San Giulio

Auf einer schmalen Halbinsel am Ostufer des Lago d'Orta drängt sich das für Autoverkehr gesperrte Orta San Giulio (1340 Einw.). Besucher bummeln durch die mittelalterlichen Gassen, vorbei an Häusern aus diversen Epochen.

SEHENSWERT
Seit dem 13. Jh. dient die von Palazzi, Laubengängen und Kastanienbäumen gesäumte **Piazza Mario Motta** als Marktplatz; an ihr befindet sich der Palazzo della Comunità (16. Jh.). Über die Seeseite des Platzes blickt man auf die legendenbehaftete, von ihrer romanischen Basilika geprägte **Isola di San Giulio,** einst fürstbischöfliche Sommerresidenz, heute noch Wohnstätte einiger Benediktinerinnen. Über dem Ortskern von Orta erhebt sich der **Sacro Monte,** ein Wallfahrtsort mit 20 Kapellen (www.sacri-monti.com, tgl. 9.30–16.00, im Sommer 9.30–18.00 Uhr).

INFORMATION
Ufficio Informazione Turistica, Via Bossi 11, Tel. 0322 91 19 72, www.comune.ortasangiulio.no.it

4 Biella

Hervorgegangen ist die Stadt aus der antiken Siedlung Bugella Civitas. In der jungen Provinzhauptstadt (44 000 Einw.) am Fuß des Monte Mucrone und des Monte Camino spürt man noch den durch die Textilindustrie seit dem 19. Jh. erworbenen Wohlstand.

SEHENSWERT
In **Piano,** dem Talbereich des auf zwei Ebenen liegenden Städtchens, befinden sich der auf das 15. Jh. zurückgehende, in neogotischem Stil erweiterte **Dom** sowie das Baptisterium (10. Jh.). Vom einstigen Klosterkomplex hat sich die Kirche **San Sebastiano** aus der Renaissance erhalten. In einer ehemaligen Textilfabrik richtete Michelangelo Pistoletto 1998 das Ausstellungs- und Ideenzentrum **Cittadellarte** ein (Via Serralunga 27, www.cittadellarte.it, Führungen Sa./So. 11.00, 14.30, 16.30 Uhr). Von der Piazza Curiel fährt eine Standseilbahn (1885) in den mittelalterlichen Ortsteil **Piazzo.**

MUSEUM
Das **Museo del Territorio Biellese** (Museum des Biellese) im Kreuzgang von San Sebastiano (Via Quintino Sella 54/b, www.museodelterritorio.biella.it, Do. 10.00–14.00, Fr. 14.00–18.00, Sa./So. 10.00–18.00 Uhr) hat eine archäologische und eine kunsthistorische Abteilung.

UNTERKUNFT
In einem historischen Palazzo erwartet den Gast des B & B € **Del Piazzo** (Corso del Piazzo 14, Tel. 333 4 64 78 40, http://bbdelpiazzo.blogspot.com, 3 Zi.) eine Mischung aus antikem und aktuellem Ambiente.

EINKAUFEN
In und um Biella gibt es eine Fülle an **Outlets,** darunter das Lanificio Cerruti (Via Cernaia 40, Biella, www.lanificiocerruti.com) und das Lanficio Colombo (Via Novara 263, Romagnano Sesia, https://it.lanificiocolombo.com).

UMGEBUNG
An der 50 km langen Themenroute **Strada della Lana** zwischen Biella und Borgosesia reihen sich zahlreiche Denkmäler der Tuchindustrie des Biellese. Der ab dem 17. Jh. errichtete Komplex **Sacro Monte di Oropa** (14 km nordwestl.) mit Gnadenbild, der **Sacro Monte**

NAHEZU JEDE VILLA AUF DER PIEMONTESISCHEN SEITE DES SEES GRENZTE DAMALS MIT IHREM GRÜN UNMITTELBAR ANS WASSER.

di Varallo (Bauten ab 15./16. Jh.) im oberen Sesiatal (52 km nördl.) und der **Lago di Viverone** (24 km südl.) – eine der 111 Fundstellen prähistorischer Pfahlbauten im Alpenbogen – gehören zum UNESCO-Welterbe.
Gut ein Dutzend befestigter spätmittelalterlicher Speicherburgen *(ricetti)* war einst im Biellese verstreut; einzig komplett erhalten ist jene in **Candelo** (5 km südöstl.), dessen Gassen sich im Mai stets in ein Blumenmeer verwandeln (www.prolococandelo.it). Botanische Pracht entfaltet etwa zur selben Zeit der Parco della Burcina in **Pollone** (6 km nordwestl.). Über mehr als 100 km² erstreckt sich die Landschaft der **Oasi Zegna** (28 km nordöstl., www.oasizegna.com).

INFORMATION
ATL Biella, Piazza V. Veneto 3,
Tel. 015 35 11 28, www.atl.biella.it

 Ivrea

Zentrum des Canavese und umgeben von einem Moränengürtel ist das von den Römern am Nordufer der Dora Baltea als Eporedia gegründete Städtchen (24 000 Einw.). Es ist vor allem mit dem Namen Olivetti verbunden.

SEHENSWERT
Wahrzeichen der Altstadt ist das **Castello dalle rosse torri** (1358; derzeit geschl.) mit seinen markanten Türmen. Gegenüber der Burganlage erhebt sich an der Piazza del Duomo der Bischofspalast sowie der **Dom Santa Maria Assunta** mit neoklassizistischer Fassade und barockem Interieur; seine Ursprünge gehen auf das 10. Jh. zurück.
Parallel zum Corso Umberto spaziert man am Fluss und dem Schifffahrtskanal entlang über die **römische Brücke** auf die andere Uferseite zur Via Jervis. An der Straße findet sich die Anlage des Museo a cielo aperto dell'architettura moderna di Ivrea mit den **Olivetti-Bauten** (www.ivreacittaindustriale.it). Die Kirche **San Bernardino** (15. Jh.) bewahrt eines der Hauptwerke piemontesischer Freskenmalerei. Bei den Bauarbeiten für einen Fußgänger- und Fahrradsteg zwischen der Altstadt und dem **Parco Dora Baltea** wurden Reste einer zweiten römischen Brücke gefunden, die zu einer ausgedehnten antiken Hafenanlage gehörte.

MUSEUM
Im Kloster Santa Chiara (Piazza Ottinetti) zeigt das **Museo Civico Pier Alessandro Garda** (www.museogardaivrea.it, Di.–So. 9.00–13.00, 15.00–18.00 Uhr) u. a. archäologische und asiatische Exponate.

VERANSTALTUNGEN
Der historische **Karneval** umfasst die *battaglia delle arance* (Orangenschlacht; s. S. 48).

INFORMATION
L'Ufficio Turismo di Ivrea,
Piazza Ottinetti, Tel. 0125 61 81 31,
www.comune.ivrea.to.it

WO NATURSCHUTZ AUF URGESCHICHTE TRIFFT

Schlank und schmal zeigt sich der Lago Maggiore an seinem südlichsten Zipfel, wo er sich bald zum Ticino-Fluss verjüngt. Nur etwa ein Kilometer trennt die Seeufer bei Arona, auf dessen Felsenburg 1538 Carlo Borromeo das Licht der Welt erblickte, der spätere Erzbischof von Mailand. Aber die mittelalterlichen Ruinen heben wir uns für später auf. Erst einmal lockt uns das fast fünf Quadratkilometer messende Grün des Parco Naturale dei Lagoni di Mercurago, der direkt an der Oberstadt beginnt.

„Nehmt Wasser mit und vielleicht etwas für ein Picknick", rieten italienische Freunde, „es gibt keine Einkehrmöglichkeiten". Dafür aber, so stellen wir fest, ziehen sich fast zwanzig verschiedene Wege durch das auf eiszeitlichen Endmoränen liegende Naturschutzgebiet. Sie tragen so schöne Namen wie „Stra del Lagon" oder „Sente di Busch" – und vermitteln uns damit schon am Anfang unseres Spaziergangs eine Ahnung von den diversen Ökosystemen des weitläufigen Areals.

Grüne Lunge am Lago di Maggiore: der Parco naturale dei Lagoni di Mercurago

Teiche glitzern, Wälder spenden großzügig Schatten, Wiesen, Heide- und Sumpflandschaften wechseln sich ab mit Acker- und Weideflächen. Ein lautes Schnauben leitet uns tatsächlich zu den Koppeln einer Vollblutpferdezucht; der violette Pfad führt uns nach unserer Picknickpause zu den Resten einer römischen Siedlung – während die Farbe Orange uns später zu bronzezeitlichen Totengrüften bringt. Allerdings handelt es sich in beiden Fällen um Repliken – die Originalfunde sind fast alle im Archäologischen Museum in Arona ausgestellt.

Zugänglich ist das Naturschutzgebiet sowohl von Arona als auch von den Gemeinden Dormeletto und Comignago; sie alle haben eine Bahnstation. Das **Wegenetz** des Parco dei Lagoni, in dessen Torfgruben-Areal Archäologen 1860 den ersten Pfahlbau Italiens fanden, umfasst etwa zehn Kilometer. Besonders schön ist ein Ausflug im Frühjahr, wenn die Wasserlilien blühen.

Aostatal

MAJESTÄTEN AUS STEIN

In Europas höchster Gipfelregion gründeten die Römer Augusta Praetoria, das heutige Städtchen Aosta. Im Lauf der Zeit entstanden um die antike Siedlung herrliche Sommerfrischen und Wintersportziele. Zudem säumen Burgen und Rebhänge das Hochtal an der Grenze zu Frankreich und der Schweiz.

Durch eine gigantische Bergwelt führen die Wanderungen im Valpelline, einem Nebental des Aostatals.

Stärkung in aller Vielfalt nach der Wanderung bei Bionaz

Wenn denn die Kuh keinerlei Ambitionen beim Kuhwettkampf im Aostatal zeigt, muss sie wohl mit sanftem Nachdruck auf die Siegerstraße gebracht werden …

Nahe Cogne erstreckt sich der Nationalpark Parco Nazionale Gran Paradiso – ein Wandergebiet, in dem Natur- und Umweltschutz eine Einheit bilden.

In ihrer Maison bei Nus verfolgt Elena Rosset das Prinzip des Agriturismo.

Leise legt sich die Herbstfärbung über den Parco Nazionale Gran Paradiso bei Cogne.

Das „Große Paradies" liegt in einer der kleinsten Regionen Italiens. Fast alle ihre Bewohner sprechen zwei Sprachen und besitzen zweisprachige Ausweispapiere. Kein Wunder, denn kaum fünf Kilometer hinter La Palud, dem letzten Ort des Valle d'Aosta, beginnt französisches Territorium. Und bis 1946 gehörte das Tal zu Füßen des Viertausendermassivs Gran Paradiso (samt dem gleichnamigen, bereits 1922 eingerichteten ersten Naturpark Italiens) mit nur drei kurzen Unterbrechungen zum Herrschaftsgebiet des Hauses Savoyen. Daher tragen auch alle Orte am Ufer des Flusses Dora Baltea und die meisten Skistationen, Hotels, Straßen in den valdostanischen Nachbartälern französische Bezeichnungen. Wieder, muss man sagen, denn zu Zeiten des Faschismus wurden im Zuge rigider Italianisierungsmaßnahmen auch alle Gemeinden in der heute autonomen Region umbenannt.

„Viele französischsprachige Valdostaner wanderten damals aus, viele andere wiederum leisteten als Partisanen heftigsten Widerstand", erzählt Silvana vom L'Istituto storico della Resistenza in Valle d'Aosta, einer Einrichtung, die nicht nur den antifaschistischen Widerstand im Tal seit seinen Anfängen dokumentiert, sondern auch zur Geschichte des Faschismus und Italiens im 20. Jahrhundert forscht und informiert – dabei aktuelle Tendenzen niemals aus den Augen lassend.

THERMEN UND WEIN

Weit zurück in die Zeit der Römer reicht indes die Geschichte des Weinbaus im Valle d'Aosta. Heute ziehen sich die Rebzeilen aber nicht nur um den Hauptort Aosta, sondern von den Hängen des Monte Rosa über jene am Saum des Monte Emilius bis kurz vor die Wintersport-Hochburg Courmayeur im Angesicht des Montblanc. Schon die Römer nutzten auch die Thermen des Tals; während der Belle Époque kamen die heißen Wässer dann erneut in Mode.

Ein regelrechter Bädertourismus entwickelte sich und entsprechende Etablissements entstanden, etwa in Pré-Saint-Didier und um die 1770 entdeckte Quelle von Saint-Vincent.

Letztere bildet inzwischen das Herzstück eines modernen Kurzentrums mit einem umfassenden und vielfältigen Spa- und Wellnessangebot.

FRÖHLICHE FESTLICHKEITEN

Vor der prächtigen Kulisse majestätischer Alpengipfel lebte nach den politisch dunklen Zeiten unter Mussolini aber nicht nur das *benessere,* das Wohlergehen, wieder auf, sondern auch uraltes Kulturgut. So feiert das von rund 80 Burgen und Schlössern flankierte Valle d'Aosta beispielsweise einen farbenfrohen Karneval mit historischen Masken, Kostümen und Tänzen. Hochburg ist hierbei Verrès. Auf ihren *fiere,* den volksfestartigen Märkten, stellen die Valdostaner zudem traditionelle und aktuelle Handwerkskünste unter Beweis – von der Holz- und Steinverarbeitung bis hin zum Spitzenklöppeln und Schmieden. Schon früh wurden im nahen Val di Cogna feine Fäden zu filigraner Zier verarbeitet und Erze für die Eisen- und Stahlproduktion gefördert.

Um Kulinarisches ranken sich indes die zahlreichen *sagre* des Aostatals, eine Art Dorffest, wie die Sagra della castagna in Fénis oder die Sagra del lardo, das Speckfest, in Arnad. Fröhlich huldigen die

AM UFER DER DORA BALTEA TRAGEN DIE ORTE FRANZÖSISCHE NAMEN.

Ganz puschelig – so stiehlt der kleine »cane« in der Fußgängerzone von Aosta allen die Schau …

Die weite Piazza Emilio Chanoux ist das Zentrum der geschäftigen Stadt Aosta. Blickfang ist der Palazzo Municipale, das Rathaus, mit seinen Bogengängen.

In diesem Licht hat die Burg Aymavilles bei Cogne schon Anklänge an ein Märchenschloss. Sie ist von einem schönen Park umgeben, in dem auch Konzerte stattfinden.

Im Kreuzgang des Klosters Santi Pietro ed Orso in Aosta haben sich viele Kapitelle aus geschwärztem Marmor erhalten – einzigartig im Piemont.

Via Francigena

Europas ältester Verkehrsweg

Pilger, Würdenträger und Kaufleute gelangten bereits im Mittelalter auf festen Routen vom Norden Europas in den Süden. Via Francigena nannten die Reisenden häufig ihren Weg. Aber diese „Frankenstraße" im eigentlichen Sinne gibt es nicht. Denn es war ein ganzes System von Wegen und Straßen, welches das nördliche Europa einst mit Rom verband. Auch antike Trassen wie die Via Emilia, die Via Cassia und die Via Aurelia zählten dazu. Menschen jeglicher Herkunft und jeglichen Standes gelangten auf diesen Vie Francigene in die Ewige Stadt. Einer von ihnen, Erzbischof Sigerich der Ernste von Canterbury, dokumentierte seine Tour aus der heimatlichen Grafschaft Kent zum Grab des Apostels Petrus detailgenau: Er verfasste anno 996 ein erstes vollständiges Routenverzeichnis des Pilgerweges, für den sich dann im Lauf der Jahrhunderte der Name Via Francigena einbürgern sollte. Seine Reise führte den englischen Hirten unter anderem durch das Aostatal.

Auf alten Pfaden durchs Aostatal

Und nicht nur hohe kirchliche Würdenträger reisten auf dem 876 erstmals schriftlich erwähnten Frankenweg nach Rom; auch Adelige und zukünftige Könige nutzten den wichtigsten Verkehrsweg Europas, um am Tiber ihre neuen Ämter und Titel entgegenzunehmen. Im Jahr 1994 erklärte der Europarat die Via Francigena zu einer der Kulturstraßen Europas.

Valdostaner auch ihren vierbeinigen Milch- und Fleischlieferanten: beim Wettkampf der Ziegen und Kühe im Herbst. Wochenlang werden bei diesen *batailles des reines,* den Kämpfen der Königinnen, die mutigsten und klügsten Tiere ermittelt – in fast allen Orten des Tales. Den Appetit auf Käsespezialitäten wie Fontina, Vallée d'Aosta Fromadzo und Toma di Gressoney lässt sich dadurch niemand verderben; im Gegenteil. Auch die *mocetta,* eine Art kleine Bresaola aus Ziegen-, Lamm- oder Rindfleisch, und die *supetta,* eine im Ofen überbackene Suppe aus Brot und Reis, mundet unverändert köstlich.

DIE UNBERECHENBARE BESTIE

Sorgen machen sich die Valdostaner über eine „brutale Bestie, die wir nicht stoppen können", wie Franco Gabrielli sagt. Italiens oberster Zivilschützer spricht von der anhaltenden Bedrohung des Tals durch einen gewaltigen Erdrutsch. Rund 400 000 Kubikmeter Geröll sind am Monte di La Saxe, unweit des Montblanc-Tunnels, ständig millimeterweise in Bewegung. Das ergaben Messungen. Auch heftige Unwetter richten immer wieder schwere Schäden an. So sorgten zuletzt im Oktober 2020 und im August 2022 Überschwemmungen und Erdrutsche im Aostatal für zahlreiche Behinderungen.

Die schönsten piemontesischen Feste

ORANGENWURF UND ESELHIEB

Um Wein und kulinarische Spezialitäten dreht sich das Gros der piemontesischen Feste. Aber auch historische Ereignisse leben festlich immer wieder auf in der Region – vom Wettkampf der Tiere bis zum Aufstand des Volkes gegen Belagerung und Tyrannei.

1 Festival di Fuochi d'artificio

Einen ganzen Sommermonat lang steht das Gebiet um den Lago Maggiore und den Lago d'Orta im Zeichen von Feuerwerkspektakeln. Sieben pyrotechnische Shows, teils mit Musik untermalt, erhellen den Abendhimmel über den beiden Seen, in den Valli Ossolane und im Parco del Ticino. Die Motive der Lichter zeichnen sich durch subtile Farbigkeit und filigrane Vielfalt aus; sie erinnern an Blumen, Palmen und Federbüsche.

u. a. in Verbania, Cannobio und Omegna, Ende Juli bis Ende August

2 Orangenschlacht

Zentrale Figuren des Karnevals von Ivrea sind eine rebellische Müllerstochter *(mugnaia)* und ein napoleonischer General. Ihr Auftritt wird von Reitoffizieren, Marketendern, Fahnenträgern und dem Magnifico Podestà als Garant der Bürgerfreiheit gerahmt. Höhepunkt des Geschehens, das sich um die Auflehnung des Volkes gegen die Obrigkeit rankt, ist die Orangenschlacht *(battaglia delle arance)*. Zuschauer sollten sich bei dem feuchten Spektakel besser hinter den Absperrnetzen aufhalten und rutschfeste Schuhe (oder Gummistiefel) tragen.

Ivrea, www.storicocarnevaleivrea.it, Februar

3 Carnevale Storico di Verrès

„Vive Introd et Madame di Challant!" Dieser begeisterte Ausruf geht auf die historische Tatsache zurück, dass Caterina di Challant anno 1450 mit ihrem Gatten von ihrer Burg herabstieg und dann allein zu Trommelschlägen und Pfeifenklängen inmitten der Dorfjugend tanzte. Er ist noch heute zentrales Element des historischen Karnevals von Verrès. Neben dem fröhlichen und farbigen Straßentreiben inklusive Auftritt der mittelalterlichen Majestäten umfasst sein Programm auch einen Ball im Schloss.

Verrès, www.carnevaleverres.it, Februar

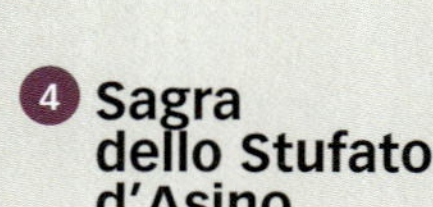

4 Sagra dello Stufato d'Asino

Essen und Musik – in Calliano bedeutet das zumindest einmal im Jahr, dass es auf der Piazza Marconi deftigen Schmorbraten vom Esel gibt, dazu wird Polenta gereicht. Es bedeutet auch, dass *agnolotti* (gefüllte Teigtäschchen) und kleine Eselsalamis im Rahmen dieses kleinen authentischen kulinarischen Festes aufgetischt werden.

Calliano, www.prolococalliano.it, Ende August

5 Novara Risorgimentale

Viel mehr als nur ein historisches Kostümfest, ein Akt gemeinsam erlebbar gemachter Geschichte nämlich ist die Nachstellung einiger Szenen der Battaglia del 23 marzo 1849. An diesem Tag des ersten italienischen Unabhängigkeitskrieges unterlagen die Truppen des Königreichs on Sardinien-Piemont bei Novara jenen des Kaiserreichs Österreich, welches ganz Norditalien beherrschte. Ausstellungen sowie eine Prozession rahmen die Aktionen der in historische Uniformen gewandeten Gruppo Storico Risorgimentale.

Novara, www.turismonovara.it, 23. (und 24.) März

6 Moscato Canelli

Seit 2014 richtet Canelli auf den Plätzen, in den Gassen und Höfen seiner „Sternia“, dem mittelalterlichen Zentrum der Stadt, mehrmals im Jahr einen önogastronomischen Festparcours aus: An mehreren Stationen können die Teilnehmer dort vom frühen Abend bis spät in die Nacht hinein den typischen Moscato der Region kosten und dazu entsprechende lokale Spezialitäten probieren. Bezahlt wird übrigens nur in „sternien“, der besonderen Währung für diesen Tag.

Canelli, www.moscato canelli.com, u.a. Juli

7 Palio degli Asini

Auf eine Verspottung des historischen Rivalen Asti während des Krieges von 1275 geht der fast ebenso prächtige Palio von Alba zurück – ausgetragen wird er allerdings mit störrischen Eseln *(asini)* statt mit stolzen Rossen. Bei diesem „Rennen“ treten die neun Stadtbezirke Albas gegeneinander an; vor dem Start gibt es einen festlichen Umzug durch die Straßen der Stadt, bei dem die Teilnehmer historische Kostüme tragen und von Fahnenschwingern und Fanfarenbläsern begleitet werden (gestartet wird an der Piazza Michele Ferrero). Am Schluss stellt jeder Stadtteil eine Szene aus dem Mittelalter dar. Der eigentliche *palio* besteht aus zwei Runden und einem Finale (auf der Piazza Medford).

Alba, www.fieradeltartufo.org, 1. Sonntag im Oktober

8 Mangialonga

Schon seit gut drei Jahrzehnten gibt es diesen kulinarischen Spaziergang, der über vier Kilometer auf den Wegen des Barolo durch die Rebhügel von La Morra führt. Unterwegs sind Köstlichkeiten der Region zu genießen – sowohl in fester als auch in flüssiger Form. Wer sich besonders fantasievoll für diesen Ausflug schmückt, erhält einen Preis.

La Morra, www.mangialonga.it, Ende August

9 Sagra della Nocciola

Fast eine ganze Woche lang feiert Cortemilia die piemontesische Haselnuss – mit Musik, Fotoausstellung, önogastronomischen Spaziergängen, Feuerwerk, Ständen typischer weiterer Produkte aus der Langhe – und der Preisverleihung an den „Besten Botschafter der Nuss“ durch die Bruderschaft Confraternita della Nocciola Tonda Gentile di Langa. Selbstverständlich umfasst das Programm auch einen Straßenumzug, bei dem Haselnüsse ins Publikum geworfen werden.

Cortemilia, www.fieranocciolacortemilia.it, Ende August

Maßstab 1:375.000
10km
AOSTA
Parco Nazionale del Gran Paradiso
Parco d. Mont Avic
SCHWEIZ
SUISSE
ITALIA
FRANCE
Courmayeur
Chamonix-Mont-Blanc
Breuil-Cervinia
Châtillon
St. Vincent
Cogne
IVREA
BIELLA
Valsavarenche
Valgrisenche
Val d'Isère
Tignes
Bourg-St-Pierre
Gran S.Bernardo
Ceresole Reale
Gressoney-la-Trinité
Valtournenche
Champoluc
Alagna Valsesia
Macugnaga
Castellamonte
Cuorgnè
Locana
Oropa
Vanoise
Parc National de la Vanoise

ALPENPANORAMA PLUS ANTIKE

Das Viertausenderquartett Montblanc, Monte Rosa, Matterhorn (Cervino) und Gran Paradiso prägt die Skyline des weiten Tals, in dem schon die Römer auf dem Weg gen Norden ihre Spuren hinterließen. Ortsnamen wie Courmayeur, Cogne oder Saint-Vincent erinnern an das französische Erbe der autonomen Region.

1 Aosta

„Roma delle Alpi" nennt sich **Aosta TOPZIEL** (34 000 Einw.), die größte und namengebende Stadt des Aostatals. Tatsächlich gehen die Anfänge der Gemeinde zu Füßen des Monte Emilius (3559 m) weiter zurück als bis in die Zeit der Römer. Lange vor Gründung des antiken Militärlagers Augusta Praetoria (benannt nach Kaiser Augustus) anno 25 v. Chr. siedelten an der Mündung des Buthier in die Dora Baltea keltische Stämme. Heute umziehen den Stadtkern des jahrhundertealten Bischofssitzes die beiden Flüsse sowie die Autobahn A 5 im Süden und die Superstrada 26 im Norden. Aosta ist das wirtschaftliche wie das kulturelle Zentrum des gesamten Tales; seine strategische Lage zwischen zwei Alpenpässen – der Große und der Kleine Sankt Bernhard sind kaum 40 km entfernt – machten es über Jahrhunderte zu einem militärisch begehrten Ziel.

Trotz bis heute beeindruckender meterdicker Mauern diente die Burg Féni nicht Verteidigungszwecken, sondern als repräsentativer Wohnsitz.

SEHENSWERT
Antike Straßen, historische Brunnen, Kapellen, Paläste und Wohnhäuser aus diversen Epochen – die lebendige Kleinstadt Aosta besitzt ein reiches bauliches Erbe. Zu den wichtigsten Monumenten zählen die nahezu intakte römische Stadtmauer mit der **Porta Praetoria** im Osten, einem der wenigen erhaltenen antiken Stadttore weltweit, sowie der ihr vorgelagerte **Augustusbogen.** Auch die Wehrtürme lassen sich noch zuordnen; auf ihren Grundfesten wurden im Mittelalter die Residenzen u. a. der Landvögte (Torre dei Balivi, Nordosten) und jener Adeligen erbaut, die große Abschnitte der Mauer kontrollierten, so auch die der Familie des Conte d'Aosta (Torre di Bramafam, Süden). Auf dem Platz vor dem Bahnhof steht der repräsentativste der Stadttürme, die Torre del Pailleron, einst als Strohlager genutzt. **Relikte des römischen Theaters** birgt der über die Via Porta Pretoriane zu erreichende Parco Archeologico.
Ein Freskenzyklus des 11. Jh.s beeindruckt in der Klosterkirche SS. Pietro ed Orso westlich des Augustusbogens; der Kreuzgang weist romanischen Kapitellschmuck auf.
Die westlich des römischen Theaters gelegene Kathedrale Santa Maria Assunta geht auf das 5. Jh. zurück. Das mehrfach umgestaltete Gotteshaus bezaubert u. a. durch Fußbodenmosaike aus dem 12. und 14. Jh. sowie mit ottonischen Fresken. Gleich links neben der Kathedrale ist der römische Kryptoportikus zugänglich, dessen Funktion nicht eindeutig geklärt ist. Der Bereich von St-Martin-de-Corléans im Westen umfasst die größte Dichte megalithischer Denkmäler in Italien (Tel. 0165 55 24 20, April–Sept. Di.–So. 9.00–19.00, Okt. bis März Di.–So. 10.00–18.00 Uhr).

L'Artigianato

Institut Valdôtain de l'Artisanat de Tradition (IVAT) nennt sich ein von der Regionalverwaltung eingeführter Verband, der als Anlaufstelle rund um das traditionelle Handwerk im Tal dient. Ihm unterstehen auch Geschäfte wie das vor mehr als 70 Jahren eröffnete L'Artigianato in Aosta. In dessen Räumen kommen Bildhauerarbeiten und Mobiliar sowie Gebrauchsgegenstände wie Trinkschalen, Teller, Schüsseln, Vasen etc. zusammen. Ein schöner Platz zum Stöbern.

Shop: Piazza Chanoux 11, Aosta
Institut: www.lartisana.vda.it

VERANSTALTUNG
Berühmt ist die Handwerksmesse **Fiera di Sant'Orso** (30./31. Januar), die sich über das Zentrum verteilt.

UMGEBUNG
Am Eingang des Valle di Saint-Barthélemy liegt unterhalb der Burg von Pilatus das Örtchen **Nus** (4 km östl.). Es befindet sich auf einer Anhöhe zwischen Kastanienhainen und Weinbergen und ist bekannt für die Reben des Vien de Nus, dem jeweils am zweiten Maisonntag ein Fest gewidmet wird. Am 5. August indes wird bei Saint-Barthélemy (20 km östl.) im **Santua-**

rio di Cunéy (17. Jh.), dem höchstgelegenen Wallfahrtsort Italiens (2656 m), die Madonna delle Nevi (Maria Schnee) geehrt. Der Innenhof der mittelalterlichen Burg von **Fénis** ist schön freskiert (5,5 km östl.; Öffnungszeiten in der Touristeninformation erfragen). Zu Füßen des Castello kündet das Museo dell'Artigianato Valdostano di tradizione von der Handwerkskunst des Aostatals (Fraz. Chez-Sapin 86, www.lartisana.vda.it, Di.–So. 10.00–18.00 Uhr, Nov. geschlossen).

In **Bionaz** (26 km nordöstl.) bilden Mountainbiken und Langlauf sportliche Schwerpunkte. Das engste und ursprünglichste Tal der Region ist das **Valsavarenche** (35 km südwestl.). Vom Tal sind diverse Touren ins Massiv des Gran Paradiso möglich. In Erinnerung an den Savoyer Regenten entstand das königliche **Jagdhaus Orvieille.** Von dem Jagdhaus-Plateau wie von dem noch etwas höher gelegenen Djouan-See bieten sich fantastische Ausblicke auf Gletscher und Gipfel. Das kleine Nationalpark-Besucherzentrum im fußläufig erreichbaren Weiler **Dégioz** widmet sich in einer Dauerausstellung den Raubtieren des Parks.

INFORMATION
Ufficio del Turismo Aosta, Piazza Porta Praetoria 3, Tel. 0165 23 66 27, www.lovevda.it

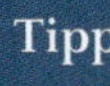

Alpengarten Paradisia

Benannt nach der zartblütigen weißen Berglilie (Paradisia Liliastrum), umfasst der Giardino Botanico Alpino Paradisia heute rund 1000 Blumen- und Pflanzenarten des Alpen- und Apenninraums sowie einige Beispiele der Bergflora Asiens, Amerikas und anderer Gebiete. Wanderpfade mit schönen Ausblicken erschließen den auf 1700 m Höhe gelegenen Garten.

WEITERE INFORMATIONEN
Fraz. Valnontey, Cogne, www.pngp.it/visita-il-parco/giardino-botanico-alpino-paradisia, Juli/Aug. tgl. 10.00 bis 18.30, Juni/Sept. 10.00–17.30 Uhr, 3 €

Skisport ist das große Thema in der Region. Das Paar Nakajima vor dem Cave du Cogne (re.). Fußgängerzone in Courmayeur (u.).

2 Courmayeur

Seit dem 19. Jh. beliebt als Bergsport-Destination, entwickelte sich Courmayeur (2800 Einw.) zu einem trendig-mondänen Skitourismusziel. Vom Ort, der in einem weiten Talkessel zu Füßen des Montblanc liegt, bietet sich ein großartiges Gebirgspanorama.

SEHENSWERT
Herz und Mittelpunkt von Courmayeur ist die **Via Roma.** Nur ein paar Schritte von ihr reckt an der Piazza Abbé Henry die **Chiesa di San Pantaleone e San Valentino** (11.–18. Jh.) ihren Turm in den Himmel. Im Ortsteil Entrèves ist ein **befestigtes Haus** von 1391 erhalten.

MUSEUM
Die Casa delle Guide, das Haus des Bergführervereins, birgt das kleine **Museo Duca degli Abruzzi** (Strada del Villair 2, Do.–Di. 9.00–12.00 und 16.00–19.00 Uhr).

AKTIVITÄTEN
Die beiden miteinander verbundenen Skigebiete Chécrouit und Val Veny bieten **Abfahrtspisten** mit einer Länge von mehr als 100 km; im Val Ferret sind es 35 km. Ein **9-Loch-Golfplatz** hat spektakuläre Passagen. Einzigartige Panoramen verspricht bei gutem Wetter die **Seilbahnfahrt** von La Palud über das Montblanc-Massiv bis ins französische Chamonix (1,5 Std.; Zwischenstopps sind möglich).

HOTEL
Das **€ € / € € € Hotel Berthod** (Via Maria Puchoz 11, www.hotelberthod.com) hat Tradition.

INFORMATION
Ufficio del Turismo Courmayeur,
Piazzale Monte Bianco 15,
Tel. 0165 84 20 60, www.lovevda.it

3 Cogne

In einem breiten Talkessel am Rand des Naturparks Gran Paradiso, dem ältesten Nationalpark Italiens, liegt Cogne (1534 m) in einem südlichen Nebental des Val d'Aosta. Das Gebiet ist heute von Mischwald und den weiten Wiesen von Sant'Orso umgeben. Die 1400-Seelengemeinde ist für ihre Klöppelarbeiten bekannt.

SEHENSWERT
An die lange Bergbautradition (bis 1979) der Region erinnern die **Magnetitminen** von Liconi, Colonna und Costa del Pino an den Hängen des Monte Creya. Die Mine von Costa del Pino kann besichtigt werden; es gibt einen geführten zweistündigen Rundgang (tgl. um 10.30 und 14.30 Uhr; www.minieredicogne.it). In der **Cooperativa les Dentellières** (Via Grappein 50, tgl.) lebt die lokale Tradition des Spitzenklöppelns weiter.

AKTIVITÄTEN
Die Umgebung von Cogne eignet sich vor allem für **Langlauf** (70 km Loipen um Epinel, Lillaz und Valnontey) sowie zum **Wandern.** Von Cogne verkehrt ganzjährig eine Kabinenseilbahn zum Montzeuc (leichte bis mittelschwere Abfahrtpisten); per Sessellift geht es auf den Grand Crot (2242 m). In Lillaz und Valnontey locken mehr als 130 Wasserfälle im Winter zum **Eisklettern,** im Sommer zum **Baden.**

RESTAURANT
Ristorante, Enoteca, Tearoom und Weinbar ist **€ € / € € € La Cave de Cogne**, Rue Bourgeois 50, www.lacavedecogne.com (mit Shop).

UMGEBUNG
Der aus der Römerzeit stammende Aquädukt von **Pondel** (Pont d'Aël, 3. Jh. v. Chr., 18 km nördl.) überspannt die Schlucht des Wildbachs Grand Eyvia über mehr als 50 m Länge und ist gut 80 m hoch. Am Eingang des Val di Cogne thront die im Mittelalter von der Adelsfamilie Challant von Fénis errichtete **Burg Aymavilles** (20 km nördl.).

INFORMATION
Ufficio del Turismo Cogne,
Rue Bougeois 34, c/o Maison de la Grivola,
Tel. 0165 7 48 35, www.cogneturismo.it

4 Saint-Vincent

Sein mildes Klima trug dem modernen **Thermalkurort** (4560 Einw., ca. 575 m) Vergleiche mit Zielen an der Riviera ein. Mit Entdeckung der Mineralquelle Fons Saluti im 18. Jh. begann die touristische Blüte des Ortes; die Eröffnung des großen Spielcasinos La Vallée 1927 sorgt seither für weiteren Gästezustrom.

SEHENSWERT
Ab dem 11. Jh. von Benediktinermönchen in romanischem Stil erbaut und danach umgestaltet, birgt die Pfarrkirche **San Vincenzo** mit ihrem kleinen Museum u. a. eine „Madonna in trono con bambino" (Thronende Maria mit Kind) aus dem 14. Jh. Aus dem 7./8. Jh. stammen die Säulen der Hallenkrypta.

AKTIVITÄTEN
Am Colle de Joux liegt ein kleines **Alpinskigebiet** (7 km Piste).

UMGEBUNG
Romanischen Ursprungs ist die freskengeschmückte Pfarrkirche San Martino in **Arnad** (10 km südl.). Am Eingang zum Aostatal thront auf einem Felsen über dem gleichnamigen Ort die **Festung Bard** (www.fortedibard.it; 15 km südl.). Das mächtige Bauwerk birgt das Museo delle Alpi sowie Le Alpi dei Ragazzi (derzeit geschl.), einen interaktiven Parcours für Kinder.

INFORMATION
Ufficio del Turismo Saint-Vincent,
Via Roma 62, Tel. 0166 51 22 39,
www.lovevda.it

5 Breuil-Cervinia

Bereits Ende des 18. Jh.s Etappenziel bei Expeditionen zum Matterhorn, entwickelte sich die auf ca. 2000 m Höhe gelegene 700-Seelen-Gemeinde am Ende des Valtournenche seit Eröffnung der ersten Seilbahn 1936 zum zweitwichtigsten Urlaubsort des Aostatales.

AKTIVITÄTEN
350 km **Skipiste** und einen **18-Loch-Golfplatz** in rd. 2000 m Höhe bietet die Region.

VERANSTALTUNGEN
Berge sind Thema beim **Cervino International Film Festival** (Ende Juli). Das **Fest der Bergführer** (Festa delle Guide, 15. Aug.) umfasst folkloristische wie alpine Darbietungen.

UMGEBUNG
Auf dem Plateau Rosà dokumentiert das **Museo del Lavoro** den Bau der historischen Seilbahnen (tgl. ab 10.00 Uhr bei Seilbahnbetrieb). Die Eisgrotte des **Piccolo Cervino** liegt bereits auf 3885 m (tgl., Seilbahn bis Plateau Rosà).

INFORMATION
Ufficio del Turismo Breuil-Cervinia,
Via Circonvallazione 2, Tel. 0166 94 91 36,
www.lovevda.it

AUF DEM LILIENWEG IN DIE WALSERWELT

Genuss oder Abenteuer? In Lillianes fällt die Entscheidung: Wir bleiben der Lys treu, jenem Flüsschen, an dessen Ufern sich einst viele Walser niederließen. Ihr Erbe zeigt sich noch heute in der Architektur der Dörfer und im franco-provenzalischen Dialekt der Bewohner. Auf dem Wanderpfad „Sentiero de Lys" steigen wir aus dem von Kastanienwäldern umgebenen Örtchen über Wiesen und durch Lärchenwälder stetig bergauf. Entlang des Gebirgskamms bietet sich uns ein grandioses Panorama: die Viertausendergipfel des Monte Bianco und des Monte Rosa zur Linken, auf der anderen Seite die Weite der piemontesischen Ebene.

Pause im Rifugio Coda, schon leicht erschöpft über den Col Portola Pass und die Pian di Sourciére (Hexenebene) mit ihrem großen Plejaden-Fels: Nach fünf Stunden und fast 900 Höhenmetern freuen wir uns auf das Etappenziel im Weiler Bosc. Gut ausgeruht, erliegen wir am anderen Morgen fast der Versuchung, doch weiter bergan ins Herz des Mont Mars Naturreservats zu wandern – oder zumindest bis zum Vagno-See.

Unterwegs auf den Spuren der Walser: Was für ein herrliches Panorama!

Ein anderes Mal! Genussvoll spazieren wir zu Tal, bewundern die schwarze Madonna in der einsamen Kapelle von Pillaz, machen Halt an der Mühle und am Backofen des malerisch an den Berghang geklammerten Dörfchens Farettaz – und werfen in Issime noch rasch einen Blick auf die berühmte Fassadenmalerei der Kirche mit der Szene des Jüngsten Gerichts. Danach ist der Bus schon weg. Aber nur zehn Minuten später setzt uns das Taxi schon ab vor unserer Unterkunft in Lillianes.

Anfahrt: Von Pont-Saint-Martin verkehren Busse der Linie V.I.T.A. GROUP (www.vitagroup.it/linee-urbane-extra-vda) ins Lystal.
Gehzeit: Aufstieg ca. 5 Std., Abstieg nach Issime ca. 4 Std.
Unterkunft: Agriturismo Le Soleil, Fontainemore, Localita Bosc 7, Tel. 347.0584814, www.agriturismolesoleil.it

P

Turin und Umgebung

*

EINE KÖNIGLICHE METROPOLE

*

Barocke Pracht im Herzen, die Industriearchitektur kräftig aufpoliert, die Alpen vor der Tür und ein elegant-entspanntes Lebensgefühl, zu dem unbedingt das Kaffeehaus und die Kultur des Aperitivo gehören – Turin ist weit mehr als die Wiege des italienischen Automobils.

Angesagter als im Viertel San Salvario kann man in Turin kaum ausgehen, die vielen Restaurants und Bars bieten hier reichlich Gelegenheit zum Chillen.

Die Kuppel der Mole Antonelliana erhebt sich mit ihrem kleinen Aufsatz beinahe 170 m hoch über den Dächern der Stadt Turin. Sie ruht auf einem Zentralbau.

Das Reiterstandbild Emanuele Filibertos I. nimmt das Zentrum der Piazza San Carlo ein.

Der große Markt Porta Palazzo an der Piazza della Repubblica in Turin sorgt auch im Umkreis durch weitere Verkaufsstände für Belebung.

An der Piazza San Carlo ist auch das legendäre Caffè Stratta zu Hause, wo man den Espresso stilecht am Tresen genießt.

Special

Wermut

Carpanos Kräuterlikör

Zur „ora di aperitivo" kommen nicht nur in Turin Alt und Jung in die „piole", die Bars und Tavernen. Jeder piemontesische Wirt, der auf sich hält, bietet am frühen Abend ein Büfett mit kalten Happen zum Pauschalpreis von einer Handvoll Euro, inklusive eines Getränks.

Sind es heute Prosecco, Wein oder Bier, die zum Aperitif über den Tresen gehen, so begeisterte im späten 18. Jahrhundert der damals neue Wermut die Piemontesen – sogar Vittorio Amedeo II., ihren König, dem man einen Korb voll zur Probe geschickt hatte. Es war Antonio Benedetto Carpano, ein Mann aus dem Biellese, der den neuen Trank erfunden hatte, und zwar unter den Laubengängen der Turiner Piazza Castello.

Im Likörgeschäft von Signore Marendazza mischte er eines Tages Moscato mit Kräutern und Gewürzen (darunter waren großer Absinth, Kamille, Beifuß, Anis und Zimt). Der Erfolg des aromatisierten Weines als flüssiger Auftakt des Abends war so groß, dass sich bald eine Fülle von Nachahmern fand und Marken wie Cora, Cinzano, Martini Rossi u. a. um das Exklusivrecht konkurrierten.

Wermut, der Klassiker der Belle Époque

No", sagt Signora Maritè, das genaue Rezept könne sie nicht verraten. Aber man müsse unbedingt jede Schicht einzeln genießen – niemals vermischen. Es ist Sonntag, und nach dem Gottesdienst drängt alles ins winzige Al Bicerin mit seinen schmalen Holzbänken und den runden Marmortischen. Schon Giacomo Puccini liebte das 1763 eröffnete Kaffeehaus – eines der wenigen übrigens, das nicht unter den fast 20 Kilometer umfassenden Arkaden der Stadt liegt. Es ist berühmt für seine *cioccolata in tazza,* eine Mischung aus Espresso und flüssiger Schokolade. Der Kenner wählt sie schwarz und so sämig, dass sie sich kaum noch umrühren lässt. Fremde lassen sich meist von dem dreischichtigen, von flüssiger Sahne gekrönten *bicerin* (Gläschen) verführen. Eine köstliche Kalorienbombe. Aber auf keinen Fall umrühren!

SÜSSES MIT NUSS

In Signora Maritès Reich konzentriert sich das ganze süße Turin. Bekannteste Botschafter sind die im 19. Jahrhundert erfundenen *gianduiotti,* in Goldpapier gewickelte, dreikantige Nougatstücke. Ihre Form, so heißt es, erinnert an den Dreispitz des Gioann dla doja, einer Figur aus der Commedia dell'Arte. Aber schon im 17. Jahrhundert machte die pie-

Das Thema im Martini-Museum in Pessione di Chieri liegt auf der Hand – der Aperitif …

… steht im Mittelpunkt, und im Degustationsraum des Museums reihen sich die Objekte der Begierde in schönsten Farben.

Repräsentativ gibt sich das barocke Treppenhaus im Palazzo Madama in Turin. Durch riesige Fenster fällt das helle Tageslicht in den weiten Raum und auf die großzügig angelegten Treppen.

Prunkvoll ist im Palazzo Reale in Turin nicht nur die Spiegelgalerie, …

… sondern auch der Speisesaal. Die piemontesische Metropole ist für den Barock der Savoyer Residenzen berühmt.

DIE PIEMONTESISCHE METROPOLE MACHTE EINST DURCH IHRE KÖSTLICHEN SCHOKOLADENERZEUGNISSE VON SICH REDEN.

montesische Metropole durch ihre Schokoladenerzeugnisse von sich reden. Man produzierte, wie ein königliches Dekret aus dem Jahr 1678 erhellt, hauptsächlich für den Export. Als jedoch der Kakaobohnen-Vorrat mit der Zeit zur Neige ging, setzten findige *pasticchiere* ihrer Schokolade gut ein Drittel fein gemahlene Haselnüsse aus der Region zu. Später entwickelte sich aus dieser Notlösung ein weit über die Grenzen des Piemont hinaus bekannter süßer Brotaufstrich, *pasta gianduja* (besser bekannt unter dem Markennamen Nutella).

SPORTLICH UND VERSPIELT

Wer am Ufer des Po entlang bis hinaus zur einstigen Fiat-Hochburg Lingotto oder Chieri fährt, dessen Blick fällt bisweilen auf einige Ruderer. Denn in Turin wird, seit mehr als zwei Jahrhunderten kräftig gerudert. „Cerea" grüßten sich schon damals die Männer in ihren Booten. Canottieri Cerea nannte sich bei seiner Gründung 1863 auch der erste Ruderclub am Ufer des Po. Er besteht bis heute.

Im Rahmen eines 800 Millionen Euro teuren Bauprogramms anlässlich der Olympischen Winterspiele 2006 entstand nicht nur im Lingotto-Gebiet neue Architektur. Auch die Verkehrssituation änderte sich drastisch. Denn die wichtigste Bahnlinie Turins wurde unter die Erde verlegt – und somit eine seit Jahrzehnten bestehende Barriere zwischen den Stadtteilen aufgehoben. Der entsprechende Verkehrstunnel jedoch ist (noch) nicht vollendet. Doch mit einem 44-geschossigen Büroturm von Renzo Piano erhielt die Metropole einen neuen Akzent in ihrer Skyline – fast auf den Tag genau 125 Jahre nach der Vollendung (1889) der Mole Antonelliana.

DAS KLEINE TURIN

Zwischen den beiden markanten Wolkenkratzern liegt – zumindest von der Entstehung her – das *cit torino* (kurz: *cit)* das kleine Turin. In diesem Viertel zeigt sich, dass die Metropole nicht nur beeindruckende Schlossbauten zu bieten hat, sondern auch die bedeutendste Stadt des Jugendstils (ital. Liberty) in Italien war. Allein der Architekt und Ingenieur Pietro Fenoglio entwarf für das *cit torino* seiner Heimatstadt Turin nach der Wende zum 20. Jahrhundert mehr als 100 Gebäude. Auch am Largo Cibrario und an der Via Beaumont stehen schöne Jugendstilbauten.

Im *cit* gibt sich Turin fast kleinstädtisch alltäglich, mit Märkten, auf denen sich jeder kennt, stillen Seitenstraßen, dem *alimentari* am Eck, der *tram,* die über den breiten Corso gleitet. Turin besitzt das älteste Straßenbahnnetz Italiens; die

In vielen Turiner Weinläden wird ausschließlich Wein aus dem Piemont verkauft.

Am Abend trifft man sich gern zum Chillen am Ufer des Po, zum Beispiel im Parco Valentino.

Eine schöne Art, den lauen Sommerabend in der Metropole ausklingen zu lassen: draußen, bei einem Glas Wein in einem Restaurant wie dem L'Acino.

Eine Köstlichkeit, die vielleicht nicht alle mögen: Ravioli di Cervella (mit Hirn), serviert im Ristorante Consorzio in Turin.

ersten Pferdebahnen fuhren bereits 1871. Heute verkehren neun Linien, darunter eine mit historischen Wagen (Nr. 7), die allerdings nur samstags und an Feiertagen verkehrt. Auch die Zahnradbahn hinauf zum Sassi- Superga-Hügel gehört zum Streckennetz.

PER PEDAL DURCH DIE KRISE

Sie sind sonnengelb und hochbegehrt. Denn spätestens seit der *crisi economica,* der Finanzkrise, wechselten viele Turiner von der *macchina* (Auto) zum *bici* (Fahrrad). „Wir haben mit dem Ansturm nicht gerechnet", stöhnt die junge Frau, die in einem Büro in einem Gässchen des Quadrilero Romano, der antiken Keimzelle Turins, Antrag um Antrag für ein Leihrad-Abonnement bearbeitet. An fast hundert Stationen sind die Räder im Stadtgebiet angedockt.

BIER AM BOOTSANLEGER

Hinter dem beliebten historischen Grünareal beim Lungo Po und dem Parco Valentino reihen sich schlichte Ufergaststätten: die *imbarchini.* An ihren eng am Flusshang platzierten Holztischen treffen sich Studenten und Jogger, Radfahrer und Spaziergänger; es gibt Bier oder Wein und Snacks. Über den Gläsern erhebt sich eine Wolke aus Gesprächsfetzen, Lachen in den Sommerabend – und mit einem Male auch Musik. Ein Dreigestirn junger Männer – der eine blond, der andere schwarz gelockt, der dritte mit Zopf – breitet Notenblätter aus und probiert zur Gitarre ein paar englische Songs. „Aber wir sind alle Italiener", grinst Alessandro, „aus Mailand, Sizilien, von den Äolischen Inseln." An der Uni haben sie sich gefunden. Zum Schluss geben sie eine wunderbar rockige Version von „Volare" zum Besten.

ARCHITEKTUR KURIOS

Burgen und Schlösser, Kirchen und Industriekathedralen, Villen und Paläste: Turin und Umgebung sind eine wahre Fundgrube für alle Spielarten der Architektur; mitunter in kuriosen Varianten.

Eine ganze Anzahl an Schlössern der Savoyer ist in Turins Umgebung erhalten: Der Hirsch auf der Kuppel kennzeichnet das Jagdschloss Stupingi, das auf einem sternförmigen Grundriss angelegt und von einem Park umgeben ist.

Vittorio Amadeo II., Herzog von Savoyen und König von Piemont, beauftragte den Architekten Filippo Juvarra im 18. Jh. mit Bauten in und um Turin (Ausschnitt aus einem Gemälde in der Venaria Reale, einem Landschloss der Savoyer).

Fresko der hl. Lucia in der Benediktinerabtei Sacra di San Michele im Val di Susa

Wichtige Häupter in Reih' und Glied in der Venaria Reale

Die Basilika von Superga mit ihrer mächtigen Kuppel, den Glockentürmen und der Vorhalle thront förmlich auf ihrem Hügel bei Turin. Sie wurde nach einem Gelübde Vittorio Amadeos II. errichtet.

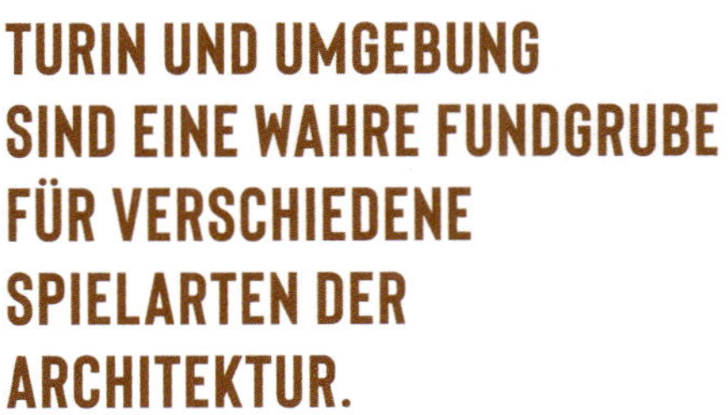

TURIN UND UMGEBUNG SIND EINE WAHRE FUNDGRUBE FÜR VERSCHIEDENE SPIELARTEN DER ARCHITEKTUR.

„Mondhaus" nannten die Turiner anfangs noch liebevoll die trapezförmige Casa Scaccabarozzi. Nun heißt das von „Mole"-Architekt Alessandro Antonelli geplante sechsgeschossige Gebäude an der Ecke Via Giulia di Barolo/Corso San Maurizio ein wenig despektierlich: *fetta di polenta* (Polentascheibe).

Die Form eines Eselrückens hat im Volksmund die mittelalterliche Brücke von Lanzo Torinese nördlich der Stadt.

In Salza di Pinerolo westlich von Turin fallen sofort die bunten Fassaden ins Auge – sie sind mit modernen Malereien *(murales)* verziert.

Mario Bottas Kirche Santo Volto in Turins Stadtviertel Dora spielt mit einem historischen Industriekamin als frei stehendem Glockenturm auf die Vergangenheit des Areals an, auf dem einst ein Fiat-Stahlwerk stand. Den 60 m hohen Fabrikschlot ließ der Schweizer Stararchitekt mit einer Spirale umgeben, auf der reflektierende Stahlkugeln nach oben gleiten. Bei Dunkelheit ergeben sich dabei wunderbare Lichteffekte.

Das Spiel mit dem Licht war auch ein wichtiges Element beim Bau der Savoyer Residenzen. Zweiundwanzig dieser Bauten in Turin und in der umliegenden Region Piemont verlieh die UNESCO den Status eines Weltkulturerbes, darunter dem Schloss von Stupingi.

GROSSE PLÄNE

Es fehlt nicht an Superlativen im Val di Susa. Spektakulär thront etwa die Kirche Sacra San Michele auf einem Bergsporn. Ein anderer Superlativ aber macht den Bewohnern des Tals bereits seit Jahren zu schaffen: der geplante Hochgeschwindigkeitszug TAV (Treno ad Alta Velocità) zwischen Turin und Lyon. Ende 2013 nahm die gigantische Tunnelbohrmaschine für die Trasse, die rund 60 Kilometer durch das Alpenmassiv laufen soll, in Chiomonte ihre Arbeit auf. Die Krux: Es gibt längst eine Bahnverbindung hinüber nach Frankreich – und ihr Tunnel wurde bis zum Jahr 2011 aufwendig modernisiert.

Allerdings braucht der TAV rund 20 Minuten weniger bis/von Lyon, wobei er übrigens nicht sehr häufig genutzt wird, weil durch das Tal auch zwei Staatsstraßen und eine Autobahn verlaufen. Kosten, Umweltschäden und angeblich Korruption bringen immer mehr Menschen gegen die Nuova Linea Torino – Lione auf. Inzwischen wurden vom italienischen und französischen Staatspräsidenten weitere Mittel für das Kernstück des Projekts freigegeben, den Tunnel zwischen dem Susatal und Maurienne in den französischen Westalpen. Die Bauarbeiten für Strecke und Tunnel dauern wohl noch bis 2032.

Lingotto einst & jetzt

VÄTER DES ITALIENISCHEN AUTOMOBILS

Von „Kulturschock“ und „Verrat“ schrieb Italiens Presse, als publik wurde, dass die 1889 gegründete Fabbrica Italiana Automobili Torino (FIAT) mit dem US-Autohersteller Chrysler zur Fiat Chrysler Automobiles (FCA) fusionierte. 2021 schlossen sich Fiat Chrysler Automobiles (FCA) und die französische PSA-Gruppe (PSA) schließlich zur Stellantis N.V. zusammen.

Mein Büro bleibt in Turin", versicherte Unternehmenspräsident John Elkann nach der Fusion im Jahr 2014 in einem Interview mit *La Stampa*. Zudem wies der (in New York geborene) Ururenkel von Fiat-Mitbegründer Giovanni Agnelli darauf hin, dass der traditionsreiche italienische Autokonzern bereits seit geraumer Zeit auf mehreren Kontinenten verankert sei. Auch Vertreter von Politik und Gewerkschaft gaben sich recht gelassen angesichts der Zukunftspläne von Elkann und dem FCA-Geschäftsführer Sergio Marchionne. Wichtig sei allein, wo künftig produziert werde und wie viele Arbeitsplätze der neue multinationale Konzern in Italien schaffe. Kaum zehn Prozent seines Umsatzes erwirtschaftete Fiat zuletzt in seinem Stammland; Tausende von Arbeitern waren in Kurzarbeit. Mitte 2016 kehrten 700 von ihnen für den Bau der neuen Maserati Levante wieder zurück ins Werk; Im Sommer 2018 lief dann zwar nach zehn Jahren die Produktion des Alfa Romeo MiTo aus, aber seit 2020 wird auf dem Gelände von Fiat Mirafiori der Fiat 500e (auch Fiat 500 EV genannt) gebaut. Das neue Modell des kompakten Kleinwagens ist ein *superutilitaria elettrica*, also batteriebetrieben. Es ergänzt den Fiat 500 Benziner.

DER WEG ZUM LINGOTTO

Im Gründungsjahr der Fabbrica Italiana Automobili Torino 1899 waren es neun Männer, die auf die Zukunft der automobilen Technik setzten, darunter der später zum Generaldirektor erkorene Giovanni Agnelli, der Großvater von Gianni Agnell. Knapp zwölf Monate nach Unterzeichnung der Fiat-Geburtsurkunde präsentierte das junge Unternehmen seine erste Produktion: zwei Dutzend Exemplare des Modells 3 1/2 HP. Im Jahr 1910 umfasste die Firmenpalette bereits 14 Wagentypen. 1923 wurde die neue, von dem Turiner Ingenieur Giacomo Mattè-Trucco konzipierte Fertigungsstätte am Lingotto eingeweiht. Sie war die größte und fortschrittlichste ihrer Zeit – die Teststrecke auf dem Dach machte sie noch bis weit über die Grenzen Italiens hinaus berühmt.

MULTIFUNKTIONALE UMNUTZUNG

Heute freuenn sich Jogger über die Ein-Kilometer-Strecke. Denn nach der endgültigen Stilllegung der Autoproduktion am Lingotto 1982 erfuhr das ganze Werksgelände eine Neugestaltung. Nach vehementen Protesten der Bevölkerung gegen den Verfall des Geländes und den Niedergang des gesamten Viertels hatten Turins Stadtväter einen Architekturwettbewerb ausgeschrieben, den Renzo Piano gewann. Der Stararchitekt entwarf für das 500 Meter lange, fünfgeschossige Fiat-Gebäude eine moderne Lösung. Die Anlage birgt nun zwei Hotels, ein Kongress- und Messe-Zentrum, Büros und Shoppingbereiche sowie die Pinacoteca Agnelli, die kleine, feine Kunstsammlung der Fiat-Familie.

Im alten Fiatwerk ist die Umnutzung vollzogen. „The Bubble", ein transparenter Konferenzraum (oben), signalisiert die Veränderung. Designobjekte bestimmen den Raum in der Pinacoteca Giovanni e Marella Agnelli.

Kleinwagen der Marke Fiat erfuhren immer wieder erfolgreich Neuauflagen.
Linke Seite: Auf dem Dach der Fertigungsstätte am Lingotto gab es einst eine Teststrecke, heute ist das Dach begrünt.

DIE FERTIGUNGSSTÄTTE AM LINGOTTO WAR DIE GRÖSSTE UND FORTSCHRITTLICHSTE IHRER ZEIT.

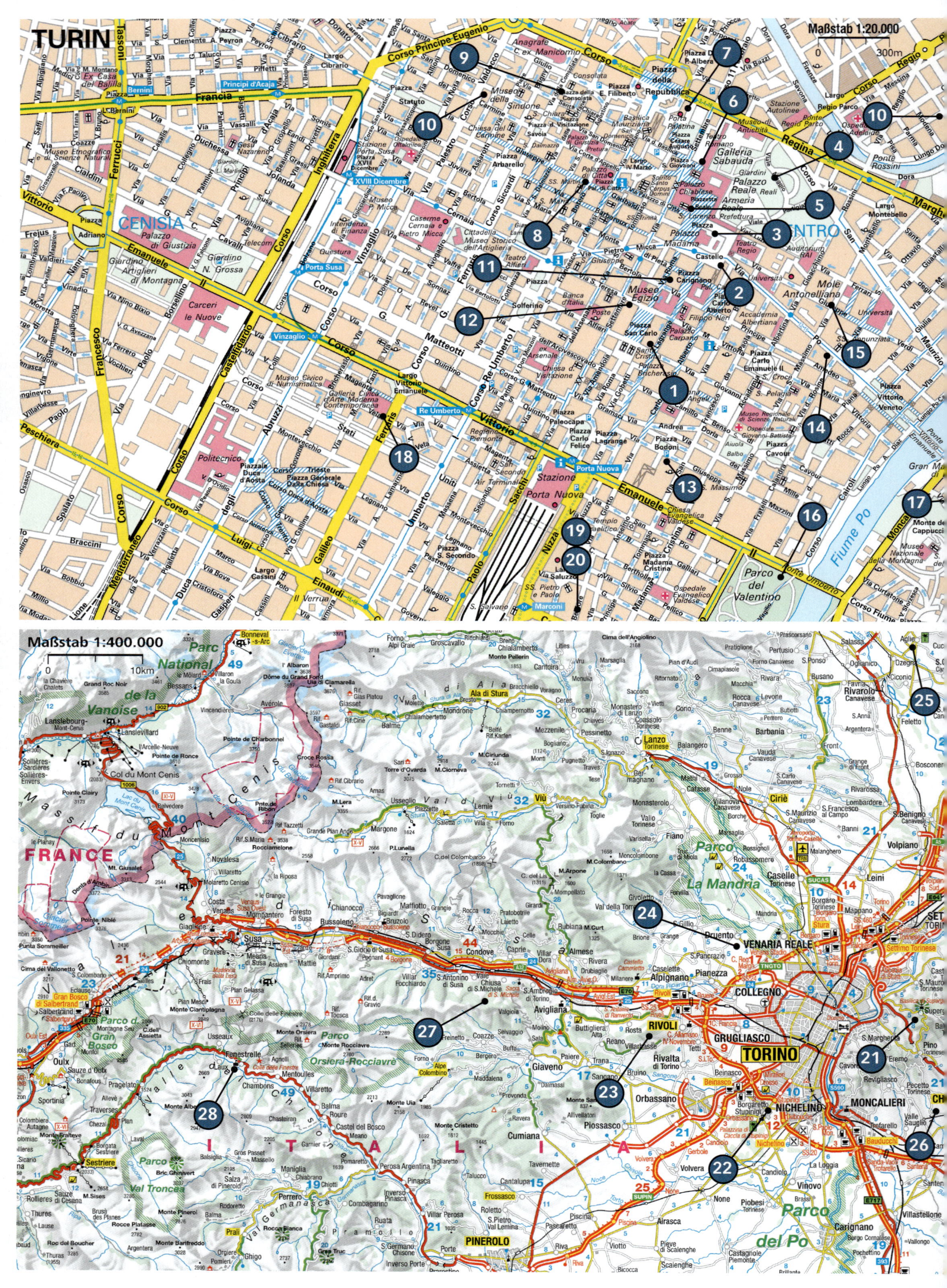

TURIN
Maßstab 1:20.000
300m
CENISIA
CENTRO
Palazzo di Giustizia
Carceri le Nuove
Politecnico
Stazione Porta Nuova
Stazione Porta Susa
Porta Susa
Porta Nuova
Re Umberto
Vinzaglio
XVIII Dicembre
Principi d'Acaja
Bernini
Marconi
Museo Egizio
Mole Antonelliana
Palazzo Reale
Palazzo Madama
Piazza Castello
Piazza della Repubblica
Piazza San Carlo
Piazza Carignano
Teatro Regio
Galleria Sabauda
Armeria Reale
Parco del Valentino
Fiume Po
Corso Vittorio Emanuele II
Corso Principe Eugenio
Corso Regina Margherita
Corso Francia
Via Cernaia
Via Garibaldi
Via Po
Via Roma
Via Nizza
Corso Re Umberto
Corso Galileo Ferraris
Corso Inghilterra
Via Cibrario
Corso Castelfidardo
Corso Duca degli Abruzzi
Corso Luigi Einaudi
Via Sacchi
Corso Massimo d'Azeglio
Corso Cairoli
Corso Moncalieri
Museo Nazionale della Montagna
Monte dei Cappuccini
Maßstab 1:400.000
10km
Parc National de la Vanoise
FRANCE
Massif du Mont Cenis
Col du Mont Cenis
Lanslebourg-Mont-Cenis
Lanslevillard
Bessans
Bonneval-s-Arc
Susa
Bussoleno
Condove
Avigliana
Giaveno
Oulx
Sestriere
Fenestrelle
Perosa Argentina
Pinerolo
Cumiana
Orbassano
Piossasco
Rivoli
Collegno
Grugliasco
Venaria Reale
Pianezza
Alpignano
Nichelino
Moncalieri
TORINO
Lanzo Torinese
Ciriè
Caselle Torinese
Leinì
Volpiano
Settimo Torinese
Parco La Mandria
Parco Orsiera-Rocciavrè
Parco Val Troncea
Parco del Po
Gran Bosco di Salbertrand
Val di Susa
Val di Viù
Val d'Ala
ITALIA
Viù
Ala di Stura
Bruino
Rivalta di Torino
Candiolo
Vinovo
Carignano
Volvera
None
Airasca
Frossasco
Val Germanasca

PRACHT DER SAVOYER

Elegant und lebhaft, großzügig und grün, ordentlich gerastert und hinter den Kulissen oft außergewöhnlich: Turin ist eine Stadt mit vielen Gesichtern. Zudem liegt ein Kranz königlicher Schlösser rund um die einstige Fiat- und Olympia-Metropole, locken Weinberge und Alpentäler in der Umgebung.

1 – 20 Turin

Vom römischen Augusta Taurinorum bis zum Barock der Savoyer, vom mittelalterlichen Borgo bis zu den Vierteln des Jugendstils und der Industrie konzentriert sich alles zwischen den Ufern des Po und jenen der Dora Riparia – inklusive einer Fülle historischer Kaffeehäuser und kilometerlanger Arkaden zum Bummeln.

Tipp

Köstliche Genossenschaft

Nur der Name blieb, Philosophie und Ambiente änderten Andrea und Piero nach ihrem Gusto. Daher wirkt das Ristorante Consorzio heute eher wie ein Bistro und liegt auch preislich in dem Bereich (Vier-Gänge-Degustations-Menü ca. 42 €). Auf der Karte steht vorwiegend Regionales – *agnolotti gobbi* (wörtl.: Buckel-Ravioli) aus der Region Asti etwa. Der Wein stammt ebenfalls meist von piemontesischen Erzeugern, oft in Bioqualität wie die Basis der Speisen. Alles ist hausgemacht, auch Brot und Pasta. Ein Körnchen Moderne würzt stets die Tradition.

RISTORANTE CONSORZIO
Via Monte di Pietà 23,
Tel. 011 27 67 661,
http://ristoranteconsorzio.it,
So. und Mo. geschl.

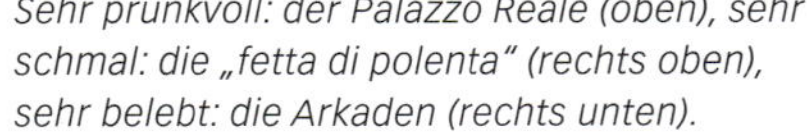

Sehr prunkvoll: der Palazzo Reale (oben), sehr schmal: die „fetta di polenta“ (rechts oben), sehr belebt: die Arkaden (rechts unten).

SEHENSWERT

Salon von **Turin TOPZIEL** (871 000 Einw.) ist die **1 Piazza San Carlo** mit ihren barocken, pastellgelben Arkaden, unter denen u. a. die berühmten Cafés San Carlo (das als erstes Lokal von Italien mit Gas erleuchtet war) und Torino sowie die legendäre Confetteria Stratta von 1836 zu finden sind. Über die Via Roma erreicht man die **2 Piazza Castello** mit den historischen Cafés Mulassano und Baratti & Milano (Letzteres angeblich Erfinder der *tramezzini*). Am Platz befindet sich der **4 Palazzo Reale,** das von den Königlichen Gärten gesäumte Stadtschloss der Savoyer. Es wurde ab Mitte des 17. Jh.s errichtet. Auf den Ruinen eines römischen Stadttors entstand der **3 Palazzo Madama,** im 17. Jh. Wohnsitz der Herzogin Maria Christina; er wurde Madama Reale genannt (s. Museen). An der Piazza Castello steht auch – versteckt hinter den Gebäuden der linken Platzseite – die **5 Kirche San Lorenzo** (Eingang Via Palazzo di Città 4), sie wurde von Guarino Guarini im 17. Jh. erbaut.
Der **6 Dom San Giovanni Battista** (15. Jh.) birgt in der Cappella della Sindone das Grabtuch Christi; es wird allerdings nur unregelmäßig gezeigt (das nächste Mal im Heiligen Jahr 2025). Die **7 Porta Palatina** (1. Jh. n. Chr.) seitlich vom Dom war zur Römerzeit der nördliche Zugang zur Stadt. Benedetto Alfieris **8 Piazza del Palazzo di Città** (1756) erstreckt sich über den Resten des antiken Forum Romanum. Durch die schnurgeraden Gassen des Quadrilatero Romano geht es zur Lieblingskirche der Turiner, dem prächtigen barocken Wallfahrtsheiligtum **9 Santuario della Consolata,** von dessen romanischem Vorgängerbau St. Andrea noch der Glockenturm erhalten ist. Einen Steinwurf entfernt lockt das Traditionscafé **Al Bicerin,** linker Hand ist das Fundament eines der fünfeckigen Türme der römischen Stadt sichtbar.
Es geht wieder zurück Richtung Po. Unter den Laubengängen der **14 Via Po** (1675) kam schon die höfische Gesellschaft trockenen Fußes fast zum Flussufer. Etwa auf halber Strecke zweigt die Via Montebello zum Wahrzeichen Turins, dem Zentralbau **15 Mole Antonelliana** (1888), ab. An der **13 Piazza Bodoni** treffen sich die Turiner zum Ausruhen, Lesen – und zum Musikhören. Denn hier steht das Konservatorium, benannt nach dem Komponisten Giuseppe Verdi.

Ältester öffentlicher Park der Stadt ist der gut 400 000 m² umfassende 16 **Parco del Valentino** mit dem gleichnamigen Savoyer Schloss und dem Nachbau eines mittelalterlichen Dorfes. Aus einem höfischen Weinberg am rechten Ufer des Po erwuchs die prachtvolle – inzwischen restaurierte – Anlage der 17 **Villa della Regina** (17./18. Jh.; Strada Comunale Santa Margherita 79, April–Nov. Do.–So. 10.00–18.00 Uhr, max. 10 Pers.). Rebenreihen, italienische Gärten und Felder umgeben die ehemalige Savoyer Residenz.

MUSEEN

In einen Flügel des Palazzo Reale ist die 2 **Galleria Sabauda** (Piazzetta Reale 1) mit den Meisterwerken u. a. flämischer und holländischer Künstler eingezogen. Ebenfalls im Palazzo sind die Waffenkollektionen der **Armeria Reale** sowie die **Biblioteca Reale** (Königliche Bibliothek) und das **Museo Archeologico** (Archäologisches Museum) untergebracht (alle Di.–So. 9.00–19.00 Uhr). Der benachbarte Palazzo Madama beherbergt das 3 **Städtische Museum für Antike Kunst,** ist aber zugleich selbst Ausstellungsstück (Piazza Castello, www.palazzomadamatorino.it, Mi.–Mo. 10.00 bis 18.00 Uhr). In einem Barockpalast befindet sich das 12 **Museo Egizio,** das älteste ägyptische Museum der Welt und eine der bekanntesten Sammlungen der Welt zur Kultur Ägyptens (Via Accademia delle Scienze 6, www.museoegizio.it, Mo 9.00–14.00, Di.–So. 9.00 bis 18.30 Uhr).
An der Piazza Carignano steht der Palazzo des 11 **Museo Nazionale del Risorgimento** (www.museorisorgimentotorino.it, Di.–So. 10.00 bis 18.00 Uhr) mit historischen Zeugnissen, Filmen etc. für die Zeit von 1815 bis 1870.
Interaktiv und baulich einzigartig gibt das 15 **Museo Nazionale del Cinema** Einblick in die Geschichte und Technik des Kinos (in der Mole Antonelliana, Via Montebello 20, www.museocinema.it, Mi.–Mo. 9.00–19.00 Uhr).
Das 10 **Museo della Sindone** zeigt eine genaue Kopie des Turiner Grabtuchs (Via San Domenico 28, https://sindone.it/museo, tgl. 15.00–18.00 Uhr). Der modernen und zeitgenössischen Kunst widmet sich mit Exponaten aus Malerei, Installation, Skulptur die städtische 18 **Galleria d'Arte Moderna e Contemporanea** (GAM, Via Magenta 31, www.gamtorino.it, Di.–So. 10.00–18.00 Uhr).
Rund 200 Fahrzeuge ab dem Baujahr 1769 sind auf dem von François Confino neu gestalteten Ausstellungsgelände des 19 **Museo Nazionale dell'Automobile (MAUTO)** versammelt (Corso Unità d'Italia 40, www.museoauto.it, Mo. 10.00–14.00, Di.–So. 10.00–19.00 Uhr).
Spektakulär vor allem wegen ihrer Platzierung in einem architektonischen „Schrein" von Renzo Piano auf dem Dach des ehemaligen Fiat-Werks Lingotto ist die 20 **Pinacoteca Agnelli** mit Meisterwerken aus dem 18. Jh. bis Mitte des 20. Jh.s (Via Nizza 230, http://pinacoteca-agnelli.it, Di.–So. 10.00–19.00 Uhr).

Tipp

Kraftwerk der Bildung

Angelegt auf dem Grundstück eines ehemaligen Gaswerkes am Ufer des Flusses Dora, zählt der Turiner **Campus Luigi Einaudi** inzwischen zu den zehn spektakulärsten Universitätsbauten der Welt. Architekt Norman Foster schuf dieses „Kraftwerk der Bildung"als offenes Dreieck ohne spitze Winkel und mit quasi schwebender, auskragender Membran-Bedachung sowie viel Pflanzengrün. Das ehemalige Piccolo-Italgas-Gebäude markiert den Eingang zum Campus, der insgesamt sieben Gebäude in lichter Stahl-Glas-Kombination umfasst.

Borgo Rossini, Lungo Dora Siena 100 A, Bus 19 ab Haltestelle Dom

Marktstand voller Früchte an der Porta Palazzo in Turin, kundige Führung durch die Basilika di Superga, kantige Mole Antonelliana in Turin

AKTIVITÄTEN

Turin hat 175 km Radwege. Aber nicht nur die Stadt Turin selbst lässt sich recht gut mit dem **Fahrrad** erkunden, auch die umliegenden Königsschlösser Stupingi und La Venaria Reale können „erfahren" werden (Infos über Turismo Torino).

ERLEBEN

An den Murazzi del Po, den Lokalen in den Ufergewölben, trifft sich die **Turiner Szene;** Studenten sitzen eher in den einfachen *imbarchini* am Fluss. Als italienisches „Klein-Kreuzberg" bezeichnen die Turiner das zwischen der Via Nizza am Bahnhof Porta Nuova und dem Parco del Valentino gelegene Viertel San Salvario aufgrund der Adressen dort für Cocktails und Apero-Cena.
Ebenfalls ein Hotspot: das Kreativ-Viertel Vanchiglia. Im modern ausgebauten **Teatro Regio,** dem einstigen königlichen Theater (Piazza Castello, www.teatroregio.torino.it), stehen u.a. Opern, Konzerte, Tanz auf dem Spielplan.

VERANSTALTUNGEN

Mit dem 9-tägigen international besetzten **Turin Jazz Festival** (letzte Aprilwoche, www.torinojazzfestival.it) knüpft die Stadt an ihre 1935 begonnene Jazztradition an. Alle zwei Jahre findet die Slow-Food-Messe **Salone del Gusto** (www.salonedelgusto.it) statt.

ÜBERNACHTEN

Gewölbte Decken, Bodenfester, unterschiedliche Einrichtungsstile umfassen die drei Zimmer des **€ € B&B Torino Très Chic** (Via San Domenico 1, www.torinotreschic.it).

RESTAURANT

Önothek? Buchhandlung? Gaststätte? Alles in einem ist die urige **€ € Taberna Libraria** (Via Bogino 5, Tel. 011 812 80 28, www.tabernalibraria.to.it) mit ihren regionalen Spezialitäten.

EINKAUFEN

Größter Markt Europas unter freiem Himmel ist der **Mercato di Porta Palazzo** (Piazza della Repubblica). Produkte des Piemont bietet der **Markt** an der Piazza Palazzo di Città (2. So. im Monat, außer Juli, Aug.).
Klassische **Gianduotti,** Pralinen aus Haselnuss-Nougat, kauft man z. B. im Caffè Fiorio (Via Po), der Chocolatier Guido Gobino interpretiert die traditionelle Spezialität auf eine zeitgenössische Art (Corso Vittorio Emanuele II 72, https://guidogobino.com).
Beste **Grissini,** rund 60 cm lange dünne Brotstangen, backen u.a. Panificio Guala (Piazza Statuto 13; s. auch „Unsere Favoriten", S. 110).
Designermode und Accessoires findet man

DAS SPIEL MIT DEM LICHT WAR EIN WICHTIGES ELEMENT BEIM BAU DER SAVOYER RESIDENZEN.

in der Via Roma, der Via Lagrange und an der Piazza San Carlo. **Büchereien, Parfümerien, Schuhläden** und günstige **Modegeschäfte** reihen sich u. a. an der Via Po, an der Piazza Vittorio und in der Fußgängerzone Via Garibaldi. Im einstigen Fiat-Gebäude **Lingotto** ist ein großes Shoppingcenter (www.eataly.net).
Im 19. Jh. war der **Balon** Treffpunkt der Turiner Trödler; heute zieht sich das **antiquarische Angebot** der 140 Stände durch die Straßen Borgo Dora, Lanino, Mameli, Canale Molassi (Sa. 7.00–18.00 Uhr). Beim **Grand Balon** (2. So. im Monat 8.00–19.00 Uhr) sind es 250 Stände.

21 – 28 Umgebung

Hoch über der Stadt thront am rechten Ufer des Po die 21 **Basilika di Superga** (10 km östl.), ein barockes Meisterwerk nach Plänen von Filippo Juvarra. 1731 wurde die Kirche mit der großen Kuppel geweiht.
Juvarra entwarf auch das prachtvolle 22 **Jagdschloss von Stupingi** **TOPZIEL** (11 km südwestl.; ab 1729; www.ordinemauriziano.it/palazzina-caccia-stupinigi) und zeichnete für große Teile der königlichen 24 **Residenz Venaria Reale** (10 km nördl.; www.lavenaria.it) verantwortlich. Sie war 1675 vollendet. Eine der Residenzen des Hauses Savoyen ist das 23 **Schloss von Rivoli** (18 km westl.; www.castellodirivoli.org). Es gehört zum UNESCO-Welterbe und beherbergt das Museum Zeitgenössischer Kunst, eine der wichtigsten zeitgenössischen Sammlungen von Europa.
Das prunkvolle Schloss von 25 **Agliè** (44 km nördl.; 17./18. Jh.) war der bevorzugte Wohnsitz von Königin Maria Cristina von Bourbon.
Der gotische Dom des Wein- und Handelsstädtchens 26 **Chieri** (17 km südöstl.) zählt zu den größten im Piemont. In Pessione, einem Ortsteil von Chieri, befindet sich im historischen Gebäude Martini & Rossi die Casa Martini u.a. mit dem Museum der Geschichte der Önologie und Galerie Mondo Martini (www.martini.com/casa-martini).
Im **Val di Susa** (Susatal; ca. 30 km westl.) mit seinen zahlreichen Burgen, Seen und Naturparks liegt u. a. die 27 **Abtei Sacra di San Michele** (um 1000 n. Chr.), die Umberto Eco zu seinem Roman „Der Name der Rose" inspirierte. Sie war ein wichtiger Ort für Pilger.
Europas gigantischste Festungsanlage, die 28 **Forte di Fenestrelle** **TOPZIEL** (85 km westl.; www.fortedifenestrelle.it) im oberen Chisonetal, entstand in über 100-jähriger Bauzeit (1728–1850). Sie diente zur Sicherung der italienisch-französischen Grenze. Die Anlage, nach der Chinesischen Mauer das größte Mauerwerk der Welt, nimmt 1 300 000 m² bebauter Fläche auf 3 km Länge ein und umfasst die drei Festungen San Carlo, Tre Denti und Delle Valli, die über die Scala Coperta, eine überdachte Treppe, mit 3966 Stufen verbunden sind.

INFORMATION
Ufficio del Turismo, Piazza Castello/Ecke Via Garibaldi, Tel. 011 53 51 81, www.turismotorino.org

VEGANE SPEZIALITÄTEN

Für Schlagzeilen sorgte Chiara Appendino, als sie in ihrer Amtszeit als Bürgermeisterin von Turin (2016–2021) einen Fünfjahresplan vorstellte, um Turin zur ersten veganen Stadt Italiens zu machen. Hier, in Turin, gibt es schon lange vegane Lokale.

1994 eröffnete das Restaurant *Mezzaluna* seine Pforten, eines der ersten veganen Speiselokale Turins. Das Restaurant in einem historischen Gebäude an einer belebten Piazza im Zentrum der Stadt serviert traditionelle piemontesische Gerichte, zubereitet mit biologischen und 100 % veganen Zutaten. Dazu zählen auch die leckeren Agnolotti del Plin, die für das Piemont typischen gefüllten Teigtäschchen. In der dazugehörigen Cafeteria, der ersten Bio-Bar in Turin, werden Bio- und Fair-Trade-Kaffee, Tee und Kräutertees angeboten. Oder wie wäre es mit einem veganen Burger – im *Flower Burger*, einem der beliebtesten veganen Restaurants in Turin? Dieser Fast-Food-Laden ist Teil einer Burger-Kette (seit 2015 mit Standorten in ganz Italien), die dafür bekannt ist, die besten veganen Burger zu servieren. Charakteristisch für die Burger sind die farbenfrohen Brötchen, die die Heiterkeit der Blumenkinder aus den 1970ern verströmen. Gewonnen werden die poppigen Farben wie auch alles andere im Burger aus rein natürlichen Stoffen.

Was soll es sein? Agnolotti del Plin oder ein farbenfroher Burger?

Ebenfalls ohne Zutaten tierischen Ursprungs kommen die köstlichen Eissorten aus, die Cristiano und Marco seit 2013 in ihrer Eisdiele *Il Gelato Amico* anbieten. Sehr lecker schmeckt Gianduja, eine cremige Paste aus Haselnüssen, Zucker und Kakao, die während der Regentschaft Napoleons in Turin erfunden wurde.

Mezzaluna: Piazza Emanuele Filiberto 8/d, Tel. 011 4 36 76 22 www.mezzalunabio.it, Mo., Di. 9.00–17.00, Do.–Sa. bis 23.00 Uhr

Flower Burger: Via Antonio Bertola 29 C, Tel. 328 0 03 49 24 www.flowerburger.it/negozi/flower-burger-torino, Mo.–Mi. 12.00 bis 14.30, 19.00–22.00, Do.–So. 12.00–14.30, 19.00–22.30 Uhr

Il Gelato Amico: Via Principi d'Acaja 47, Tel. 347 3 49 27 37 www.ilgelatoamico.it, Di.–So. 11.30–19.30 Uhr

BICCIOLANI
TARNUZZER SUCC

Poebene

*

IM REICH DES REISES

*

Italien von einer anderen Seite – so rühmen Kenner des Landes die Region an der Grenze zur Lombardei. Das stylishe Mailand ist nah und fern zugleich. Städte wie Novara und Vercelli verdanken ihre Blüte der Landwirtschaft. In der Weite der Poebene bildet die Natur eine einzigartige Kulisse für eine oftmals außergewöhnliche Architektur.

Breite Arkadengänge mit Cafés und Läden säumen die Piazza Cavour in Vercelli, teils mit schönen Verzierungen versehen.

An der romanisch-gotischen Kirche Santa Maria di Vezzolano bei Albugnano fallen gleich die Steinschichtungen im Mauerwerk und die Apsiden im Osten auf.

In der Kirche Santa Maria Vezzolano zieht der wunderbare Lettner (oben) alle Blicke auf sich: Die 40 Ahnen Jesu sind hier zum größten Teil und teils farbig bemalt zusammengefasst. Die Westfassade (rechts) erinnert in ihrer Gliederung an Kirchen der pisanischen Romanik.

Es bedarf keiner großen Anstrengung sich vorzustellen, wie einst Gesellschaften tanzend durch den Ballsaal des Castello di Masino schwebten.

Steil windet sich das graue Kieselsträßchen aus der Ebene des Canavese zum Schloss von Masino empor. Über 1000 Jahre residierten hier, gut 400 Meter über dem Dörfchen Caravino, die Conti Valperga. Nach dem Tod der letzten Herzogin, Marchesa Vittoria, übergab Sohn Luigi Valperga di Masino die Burg 1988 dem Fondo Ambiente Italiano (FAI), einer gemeinnützigen Stiftung für Denkmalpflege und Naturschutz in Italien. Seither hat die 1975 nach dem Vorbild des britischen National Trust for Places of Historic Interest or Natural Beauty gegründete Stiftung ihren Sitz auf dem Castello. Rund 50 unter Denkmalschutz stehende Kulturgüter verwaltet sie von Masino aus; etwa zwei Drittel davon konnte sie restaurieren und der Öffentlichkeit zugänglich machen. Hier im Piemont zählt neben dem Castello di Masino mit seinen freskengeschmückten Sälen, dem herrlichen Park und der atemberaubenden Aussicht bis zur Moränenkette der Serra d'Ivrea auch die oberhalb der Gemeinde Manta bei Saluzzo gelegene Burg zu den FAI-Monumenten.

GEBACKEN AUS TEIG UND ZIEGEL

„La Brasiliana" heißt das Café zwischen Bahnhof und Corso Cavour, in dem viele Novareser ihren Tag bei einem Cappuccino am Tresen beginnen. Danach strömen sie hinein in die Fußgängerzone, die mit dem Corso Italia/Corso Cavallotti das Fadenkreuz des städtischen Alltags bildet. Auch ein Kindergartengrüppchen tobt an diesem Morgen dort über das Straßenpflaster, doch mit einem Male sind die Kleinen wie vom Erdboden verschluckt.

Wenig später treffen wir sie mit ihren beiden *maestre* zufällig wieder im Hof des Biscottificio Camporelli, eines Familienbetriebs, der seit 1852 die berühmten Novareser Plätzchen produziert. Juniorchef Ambrosio erzählt den schon begehrlich auf die frischen *biscotti* schauenden *bambini* die Geschichte des Hauses. Wenig hat sich am Herstellungsprozess in der kleinen Fabrik geändert; 18 Mitarbeiter gehören zu ihr, 100 000 *biscotti* verlassen täglich die Öfen. Das Rezept geht bis auf das 15. Jahrhundert zurück; es waren Nonnen, die die längliche, butterlose Köstlichkeit erstmals zu jener Zeit backten. Wer den Kopf im Hof von Camporelli zum Himmel reckt, entdeckt eine weitere Berühmtheit der Stadt: die beiden markanten Türme der Basilica di San Gaudenzio: den Glockenturm von Benedetto Alfieri und die Kuppel von Alessandro Antonelli. Später bringt uns ein gläserner Aufzug hinauf zur ersten Ebene des mehr als hundert Meter in den Himmel strebenden Vierungsturms mit gestreckter Kuppel. Das Gewölbe ist ein Wunderwerk aus Ziegelsteinen.

Schon die Römer nutzten dieses Material in der Region. Bei Ausgrabungen fand man neben Klinkern auch antike Krüge und Gefäße.

100 000 BISCOTTI VERLASSEN TÄGLICH DIE ÖFEN. DAS REZEPT GEHT BIS AUF DAS 15. JAHRHUNDERT ZURÜCK.

SONNTAGS IN DER STADT

Sonntagmittag wirkt Vercelli wie eine Geisterstadt. „Alle sitzen beim Essen, zu Hause oder im Restaurant", lacht Gabriele, „es geht hier sehr traditionell zu." Der dunkel gelockte Kunsthistoriker steht vor der Tür des „Paolino", hinter der ele-

Ein Einkaufsbummel in Novara? Etwas verhaltener im Antiquitätenladen, …

… doch reichlich Spaß scheint es dann und wann in der *profumeria* zu geben.

Die Altstadt Vercellis ist von Gassen und kleineren Läden geprägt und wird nicht zuletzt von Studenten und Geschäftsleuten aus dem Umkreis des Reishandels bevölkert.

Kann man im Piemont auch nicht von Pasta wie den Maltagliati al pesto lassen, so steht doch …

… meist der Reis in der Gegend um Vercelli im Mittelpunkt – oft als köstliches Risotto wie hier aus dem Parmesan-Laib serviert im Restaurant Balin in Livorno Ferraris.

Special

Alessandro Antonelli

Architektur und Weinbau

„Ich habe es doch schon bewiesen in Novara …", sagte Alessandro Antonelli (1798–1888) angeblich, als man in Turin über seine Pläne für die Mole den Kopf schüttelte und an der Realisierbarkeit der „verrückten Idee" zu zweifeln begann.
Tatsächlich hatte der aus Ghemme stammende Architekt und Bauingenieur nicht nur den Dom von Novara umgebaut, sondern hier 1878 auch die frühbarocke Novareser Kirche San Gaudenzio mit einem 121 Meter hohen Kuppelturm versehen. Kühn setzte er das Gewölbe auf die vorhandenen Pfeiler. Seine 1889 in Turin vollendete, von einer Pyramide gekrönte Mole (ursprünglich als eher bescheidene Synagoge von der jüdischen Gemeinde in Auftrag gegeben) maß schließlich 167,50 Meter – und war zu jenem Zeitpunkt das zweithöchste begehbare Gebäude der Welt.

Antonelli, der sich in Rom auch im Fach Darstellende Geometrie weitergebildet hatte, schuf ein vielfältiges Werk im Piemont, darunter das Waisenhospiz in Alessandria. Er zeichnete verantwortlich für Pläne zur städtebaulichen Erneuerung von Novara und Ferrara.

Basilika San Gaudenzio in Novara

Noch heute ist in Maggiora sein Einfluss auf den Weinbau zu erkennen: Die Reblauben stehen nach Antonellis statischen Berechnungen auf schrägwinkligen Pfosten, damit sie nicht unter dem Gewicht der Trauben zusammenbrechen.

gant gewandete einheimische Familien – Vater, Mutter, Kinder, Großeltern – deftige regionale Köstlichkeiten schmausen: Schnecken mit Nüssen oder hausgemachtes Brot mit frischem Lebermus, danach Agnolotti del plin oder ein Risotto mit Wachtelkeulchen, schließlich eine Portion Kalbshirn mit violetten Auberginen oder ein Filetto di fassone, ein Steak vom piemontesischen Rind. Zum Dessert bringt die Servicekraft hausgemachte Eiskrem; der *caffè* wird im Glas serviert. *Una bella domenica!*

DAS KREUZ IM KREUZE

Jetzt tut ein Spaziergang gut, zunächst zum Hauptplatz mit dem Cavour-Denkmal, dann zur Piazza Palazzo Vecchio – die alle noch Piazza Pesche nennen, weil hier im Mittelalter die Fische aus den Reisfeldern vermarktet wurden. Weiter geht's zum Museo Borgogna, wo sich schon eine Schlange an der Kasse gebildet hat. Die engagierte Direktorin fotografiert fröhlich die zu den kostenlosen Wochenendführungen drängelnden Besucher.

Sant'Andrea scheint dagegen an diesem Spätnachmittag niemanden zu interessieren – trotz der zum Teil kuriosen Geschichten, die sich um diese romanisch-gotische Klosterkirche ranken. Eine davon betrifft das Kreuz: Bei Restaurierungsarbeiten Ende der 1990er-Jahre stellte man fest,

Bei Monviso, nahe der französischen Grenze, entspringt der Po – der längste Fluss Italiens. Auf seinem Weg wird er schließlich auch die Ebene bei Vercelli durchqueren, um dann nahe Venedig ins Mittelmeer zu münden.

Flusslandschaften verzaubern durch ihre Atmosphäre, laden dazu ein, mal eine Pause zu machen. So auch am Po, der auf seinem Weg an Turin vorbei gehörig an Breite gewonnen hat. Über sein ruhiges Wasser hinweg blickt man in der Nähe der Metropole zum Monte dei Cappuccini.

Am Pian del Re, wo der Po seinen Ursprung hat, nehmen hohe Berggipfel, saftige Wiesen und Almhütten den Blick gefangen.

DIE MAI-SONNE BRENNT HERAB AUF DIE EBENE, FLIRRT ÜBER DEN REISGÜTERN.

dass es weder aus Holz noch aus Stein ist, sondern aus *cartapesta,* also aus Pappmaschee. Zudem entdeckten die Restauratoren im Inneren des Kartongebildes ein zweites Kreuz, identisch in der Größe und Art mit dem Äußeren. Einziger Unterschied: Jesus trägt auf ihm bereits die Gesichtszüge eines Toten.

Höchst lebendig wirkt indes die Mimik von Umberto I. auf seinem Bronzekonterfei vor dem Gotteshaus. Das Denkmal sorgte bei seiner Enthüllung 1907 für einen kleinen Skandal: Fast jedermann in der Stadt erkannte in der weiblichen Statue, die dem König einen Palmzweig reicht, eine gewisse „femme fatale" – und zwar allein an der Form ihres Allerwertesten. Tatsächlich zeigt die Lebedame, die dem Künstler offenbar Modell stand, dem Betrachter nur ihre Rück-Ansicht.

NATURSCHUTZ STATT SCHIFFBARKEIT

Ein Panorama grandioser Weite entzückt um Trino. Reisfelder, silbern schillernd nach dem Fluten, erstrecken sich scheinbar endlos unter einem azurblauen Firmament; am Horizont leuchtet eine Kette schneebedeckter Gipfel. Die Mai-Sonne brennt herab auf die Ebene, flirrt über den Reisgütern, auf denen seit einigen Jahren Chinesen ihre Erfahrung bei Saat und Ernte einbringen – und kleine Gemüsegärten am Rande der Reisfelder anlegen. Sie heizt die Mauern der weit verstreuten Klöster auf, von denen einige, wie die Abbazia San Nazzaro, sich als Baudenkmale am Rand stiller Dörfer recken oder wie die ehemals bedeutende Zisterzienserabtei Santa Maria di Lucedio in einen Agrarbetrieb umgewandelt wurden – „nicht nur, aber hauptsächlich für Reis", wie der Besitzer, Conte Salvadori di Wiesenhoff, erklärt. Heute führt die Contessa Rosetta Clara Cavalli d'Olivola Salvadori di Wiesenhoff die Geschäfte.

Nur wenige Fahrradminuten vom Principato di Lucedio entfernt mäandert der Po; immer wieder durchsetzt von breiten Sandbänken und Inseln. Hier ist er kein kommerziell schiffbares Gewässer wie auf seinen rund 300 Kilometern vor dem Delta, noch nicht einmal gefahrlos geeignet für Ruderboote oder Kajaks (wie im Stadtgebiet von Turin). Dafür aber wird er von Naturreservaten wie der Ghaia Grande oder dem Parco fluviale Po e Orba kurz hinter Casale Monferrato flankiert, der einstigen Hochburg der Gonzaga aus Mantua. Heute zählt dieses Städtchen zur Provinz Alessandria, und an den sanften Hügeln seiner Umgebung wird nicht mehr nur Kalk zur Zementgewinnung abgebaut, sondern hier gedeihen auch Reben.

Reis

DIE PERLE DES ORIENTS AM UFER DES PO

Reis zählt mit zu den berühmtesten Genussprodukten des Piemont. Sein Hauptanbaugebiet liegt in den Ebenen um Vercelli. Rund eine Million Tonnen werden hier von ihm produziert – in den Varianten Carnaroli bis Venere.

Das Unternehmen Principato di Lucedio hat seinen Sitz in einem früheren Zisterzienserkloster in der Reisanbauregion.

„Per ottanta centesimi!", lautet der anklagende Titel eines Gemäldes im Museum Borgogna von Vercelli – „für 80 Heller". Es stammt von dem 1853 in Alessandria geborenen Maler Angelo Morbelli und zeigt Frauen bei der Arbeit im nassen Reisfeld. Ein Jahrhundert später setzte der Filmregisseur Giuseppe De Santis den Feldarbeiterinnen, *mondine*, die zu Tausenden aus dem ganzen Land in die die fruchtbare Poebene *pianura padana*, gebracht wurden, mit „Riso amaro" („Bitterer Reis", 1949) ein verklärendes cineastisches Denkmal. Szenen aus dem Film schmücken als goldgerahmte Fotoplakate bis heute einige Fassaden in Vercelli, das sich selbst als *capitale europea del riso* feiert, als Europas Reishauptstadt.

FRAGILE GEWÄCHSE

Nur wenige Kilometer südlich von Vercelli treffen wir Signore Bono. Mit einer großen Sichel schneidet der stämmige Bauer beherzt ein Bündel filigraner Stengel aus dem gelbgrünen Pflanzenmeer. Es sind Reishalme, mit spitzen langen Blättern und jeweils fast hundert Körnern, die an fein verzweigten Pflanzenfädchen hängen. „Noch nicht ganz reif", befindet Serafino Bono nach eingehender Prüfung. Seit fast 50 Jahren baut „Fino", wie alle ihn nennen, seinen *riso* im historischen Kerngebiet des italienischen Reisanbaus an. Eingerahmt wird dies im Süden vom Po, im Osten von der Sesia und im Nordwesten vom Canale Cavour. Der von dem genialen Staatsmann Camillo Cavour angeregte Kanal revolutionierte im 18. Jahrhundert das Bewässerungssystem in der Region. In der Folge konnten die Reisanbauflächen auf fast 250 000 Hektar ausgedehnt werden.

EIN LANGER WEG

Wie und wann genau die „Perle des Orients" aus Asien nach Italien kam, liegt allerdings noch immer im Dunkeln. Erste Zeugnisse berichten davon, dass Reis bereits im Jahr 1300 in Turin verkauft worden sei. Die Biblioteca Casanatense in Rom bewahrt eine Illustration aus dem 15. Jahrhundert, die den Titel „Der Reisladen" trägt.

Sicher ist, dass die Kultivierung der Pflanze in italienischen Klostergärten

Vom Frühjahr bis zum Frühherbst hat der Reis Zeit zu reifen. Heute erledigen größtenteils Maschinen die einst mühsame Handarbeit rund um das Pflanzen, Ernten und Verpacken des Getreides.

Die Erzeugergenossenschaften bauen ihren *riso* unter strengen Qualitätskriterien an – so bleiben die Reiskörnchen reich an Vitaminen und Mineralstoffen.

begann. Da die Ausdehnung der Nassfelder ab dem 15. Jahrhundert aber mit einer verheerenden Verbreitung der Malaria einherging, wurde der Reisanbau bald nach 1700 einer rigorosen Beschränkung unterworfen.

Heute dehnt sich Europas Reiskammer wieder über ein riesiges Gebiet. Rund eine Million Tonnen *riso* werden hier jährlich produziert. In Vercelli, Novara, Mortara und im lombardischen Pavia findet jeden Tag eine Reisbörse statt, auf der der Preis für die Körner ausgehandelt wird. „In der Zeitung freilich stehen nur die Notierungen von Mailand", erzählt Signore Bono, „der wichtigsten unserer fünf Wochenbörsen."

REIS ÜBERS JAHR

Im April meist werden die Saatkörner in den gefluteten Feldern ausgebracht – nach circa zwei Tagen intensiver Vorbefeuchtung unter fließendem Wasser. So sinken sie auf den Feldern direkt auf den Grund. Reiserntezeit ist der Herbst.

Wie große Käfer brummen nun Pflugtraktoren, Eggen und benzinbetriebene Schnitter über die Felder. Auch für das Dreschen und Trocknen gibt es heutzutage hochmoderne Hilfen. Das Gleiche gilt für die Weiterverarbeitung. Nur zur Güteprüfung der bäuerlichen Reisproben bedient man sich noch des menschlichen Augenmaßes. Ansonsten sortieren Laser die defekten Körner einer gesamten Lastwagenladung aus, trennen computergesteuerte Einrichtungen Spelzen und Korn, wird auf Knopfdruck geschält, geschliffen, poliert, dosiert und dann verpackt.

GEMEINSAM STARK

Italien ist der größte Reislieferant innerhalb der EU; das Gros der Felder liegt im Piemont. Um konkurrenzfähig zu bleiben, schlossen sich die rund 5000 norditalienischen Reisbauern zu Erzeugergenossenschaften zusammen. So verpflichten sich die Genossenschaftsmitglieder, so wenig Chemie wie möglich einzusetzen.

Um die Böden zu schonen, wird zudem versucht, jedes Jahr das Feld für die neue Saat zu wechseln. Das zur Bewässerung eingesetzte Wasser der Alpenflüsse gilt als weiteres Kriterium für die hohe Qualität des piemontesischen Reises.

Fakten

Adeliger Vorreiter

Die große Bedeutung des neuartigen Nahrungsmittels für das damals kriegsgeschüttelte Norditalien erkannte als Erster der Herzog von Mailand, Gian Galeazzo Sforza. Deshalb ließ er im Jahr 1475 den Herzögen von Ferrara Reissaat als Geschenk überbringen. Zwischen dem 15. und 16. Jahrhundert etablierte sich der Reis dann als Kulturpflanze im Piemont.

Reis ist nicht gleich Reis, und so produzieren die Reisgüter verschiedene Sorten: vom schneeweißen Carnaroli mit seinen ausgeprägten „Zähnchen" über den hochwertigen schwarzen Venere bis hin zum Vialone Nano fürs Risotto und dem kleinkörnigen Suppenreis („originario") mit einem runden hellen Fleck auf dem Bauch.

Maßstab 1:375.000
10km
1
2
3
BIELLA
IVREA
NOVARA
VERCELLI
CASALE MONFERRATO
ASTI
ALESSANDRIA
CHIERI
Chivasso
Santhià
Trino
Crescentino
Gattinara
Borgomanero
Borgosesia
Cossato
Oleggio
Valenza
Casalino
Parco Naturale del Monte Fenera
Bosco d. Partecipanza
Parco Ris.Nat. la Bessa
Lago di Viverone

FRUCHTBARE EBENE, URALTE KULTUR

Weit wie ein Meer zieht sich die pianura padana, die Poebene, durch das südliche Piemont, bis zu den Hügeln des Monferrat. Fruchtbar und bevölkert ist sie seit Jahrtausenden, wovon römische Spuren in Novara oder in der Reismetropole Vercelli ebenso zeugen wie die zwischen Feldern und Äckern verstreuten Weiler.

1 Novara

Ligurer, Gallier, Kelten, Römer, Franken, Langobarden, Spanier, Österreicher, Franzosen – seit dem 5. Jh. v. Chr. kannte Novara (104 000 Einw.) viele Herrscher. Cäsars Municipium Novaria an der Straße zwischen Vercellae und Mediolanum (Mailand) erblühte rasch zu einem wichtigen Wirtschaftszentrum Norditaliens; noch heute lässt sich die quadratische Struktur der römischen Siedlung in der Straßenanlage erkennen. Im 19. und 20. Jh. erfuhr die von Reisfeldern umgebene, von den Flüssen Terdoppio und Agogna gegürtete Landwirtschaftsmetropole einen industriellen Aufschwung (u. a. durch die Eisenbahnanbindung).

SEHENSWERT

Herz der Stadt ist der **Broletto,** ein Komplex samt Innenhof aus vier Gebäuden unterschiedlicher Epochen: Palazzo dell'Arengo und Palazzetto dei Paratici (13. Jh., mit Loggia aus dem 18. Jh.), Palazzo del Podestà und Palazzo dei Referendari (14./15. Jh.). Ihre Mauern bergen Teilsammlungen des Städtischen Museums (s. u.). Das **Baptisterium** aus frühchristlicher Zeit (4./5. Jh.) ist das älteste Gebäude Novaras, es wurde im 10. Jh. jedoch entscheidend umgestaltet. Seine Ausmalung aus dieser Zeit zeigt apokalyptische Motive und Prophetendarstellungen; eine Szene des Jüngsten Gerichts stammt aus dem 15. Jahrhundert. Der **Dom** entstand zu Zeiten des ersten Bischofs von Novara (Gaudentius) an der Stelle einer romanischen Basilika; Teile des Ursprungsbaus (Glockenturm, Mosaikbodenfragmente) blieben erhalten. Im Museo Lapidario del Duomo (geöffn. auf Anfrage) sind weitere Relikte aus romanischer und frühchristlicher Zeit versammelt. Das elegante **Teatro Coccia** (1888; Via Fratelli Rosselli 47, www.teatrococcia.it) nahe dem Dom entstand nach Plänen von Cosimo Morelli. Sein heutiges neoklassizistisches Aussehen erhielt der **Dom Santa Maria Assunta** nach Plänen von Alessandro Antonelli, der im 19. Jh. auch für die Kuppel der Basilika **San Gaudenzio** (16./17. Jh.) verantwortlich zeichnete. Die Kirche steht nördlich des Doms. Nach langer Restaurierungszeit ist die Kuppel inzwischen wieder im Rahmen von Führungen begehbar – die Tour in der Kuppel wurde auf bis zu 100 m Höhe ausgedehnt (vorher kam man auf 57 m Höhe). An der Piazza Cavour (östl.) sind Überreste der **antiken Ringmauer** (1. Jh. v. Chr.) zu sehen; der von vornehmen Wohnhäusern (18. Jh.) gesäumte **Corso Cavour** folgt in seiner Nord-Süd- Richtung dem Verlauf des römischen *cardo maximus,* während der **Corso Cavalotti** von West nach Ost den *decumanus* der antiken Siedlung Novaria beschreibt.

Museum beim Reisproduzenten La Colombara (oben). Kunstgeschichtlich bedeutend ist die Basilika Sant'Andrea in Vercelli (rechts).

> **Tipp**
>
> ### Am Kanal entlang
>
> Über rund 50 km kann man dem Netz von Radwegen zwischen den Flüssen Sesia und Ticino folgen, das die Provinz um Novara umzieht. Es ist beabsichtigt, auf diese Weise den sanften Tourismus in der Gegend zu fördern. Je nach Route orientiert man sich an den Kanälen Cavour, Regina Elena oder Diramatore Vigevano. Auf den Vie Verde (Grünen Wegen) lässt sich das Gebiet um Novara auch erwandern. Eine Broschüre (italienisch) zu den GiroInBici gibt Auskunft zu den Routen.
>
> www.turismonovara.it („Routen")

MUSEUM

Die **Galleria Giannoni** (Via Fratelli Rosselli 20, www.galleriagiannoni.it, Di.–So. 10.00–19.00 Uhr, 1. So. im Monat Eintritt frei) ist Teil des Broletto-Ensembles.

UNTERKUNFT

Mit spiegelnden Holzböden und elegantem Mobiliar atmet das **€ € / € € € Hotel Cavour** (Via San Francesco D'Assisi 6, www.hotelca

vournovara.com, 38 Zi., Parkplätze) moderne Eleganz.

UMGEBUNG
Auf das 11. Jh. geht die **Abbazia San Nazzaro** in Sesia (18 km westl.) zurück; die Kirche des wehrhaft wirkenden Abteikomplexes wurde im 15. Jh. teilweise gotisch umgestaltet (www.comune.sannazzarosesia.no.it).
Das von Reis- und Maisfeldern sowie für die Region typischen Bauernhöfen umgebene **Briona** (18 km nordwestl.) mit seiner Burg birgt eine keltische Nekropole. Das benachbarte **Fara Novarese** (20 km nordwestl.) ist eine mittelalterliche Gründung. Gut erhalten in der Weinbaugemeinde **Ghemme** (25 km nördl.; www.comune.ghemme.novara.it) ist die mittelalterliche Speicherburg *(ricetto)*.

INFORMATION
ATL Novara, Piazza Martiri della Libertà 3, Tel. 0321 394059, www.turismonovara.it

Vercelli

Bis ins Bronzezeitalter reicht die Geschichte der **Reismetropole** (47 000 Einw.) Italiens zurück. Aufgrund ihrer strategischen Lage im Vorfeld eines wichtigen Alpenpasses weckte die zur Kaiserzeit befestigte Siedlung immer wieder Begehrlichkeiten. Der römische Feldherr Gaius Maius gewann 101 v. Chr. auf den Campi Raudii, den Raudischen Feldern südlich der heutigen Stadt, die Schlacht von Vercellae. Bereits im 4. Jh. war Vercelli Bischofssitz (hl. Eusebius), 1228 wurde hier die erste Universität des Piemont errichtet. Bis heute sind zahlreiche Zeugnisse der mittelalterlichen Blütezeit erhalten, darunter auch einige Geschlechtertürme. Sie prägen das Stadtbild ebenso wie die vielen Kirchen und Paläste.

SEHENSWERT
Über dem einstigen Forum des römischen Vercellae erstreckt sich heute die mittelalterliche **Piazza Cavour** mit ihren Bogengängen – und dem Denkmal des ersten Ministerpräsidenten

Tipp

Königskekse

Geformt nach dem gezwirbelten Bart von König Vittorio Emanuele II., 1884 auf der Weltausstellung in Turin präsentiert und seit 1890 sogar als Patent geschützt, erfreuen die Krumiri di Casale Monferrato Süßmäuler weit über die Grenzen der Stadt hinaus. In der Pasticceria Portinaro wird das mürbe Spritzgebäck bis heute nach historischem Rezept seines Erfinders Domenico Rossi gebacken.

Via Lanza 17, www.krumirirossi.it

Vom Castello di Masino reicht der Blick weit über Vestignè und die Landschaft (oben). Der Po (re.) bei Vercelli ist mit Inselchen versetzt.

des vereinigten Königreiches Italien, Camillo Benso Conte di Cavour. Zu Füßen des steinernen Staatsmanns wird regelmäßig Wochenmarkt abgehalten; der Conte war Förderer des dann von dem Ingenieur Carlo Noè realisierten großen Bewässerungskanals durch mehr als 20 piemontesische Gemeinden. Den Platz dominiert die **Torre dell'Angelo** (14./15. Jh.), einer der markantesten Türme der Stadt. Östlich davon stand an der trapezförmigen **Piazza Palazzo Vecchio** (auch: Piazza dei Pesci) einst das Rathaus; über die Via Gioberti und den Corso Libertà mit seinen vielen Geschäften gelangt man im Süden zur Kirche **San Cristoforo** mit Fresken Gaudenzio Ferraris (1529/34). In der ehemaligen Kirche **San Marco** in nördlicher Richtung finden in Zusammenarbeit mit der Peggy Guggenheim Collection in Venedig wechselnde Ausstellungen statt (ACRA Arte Vercelli). Aus einer Basilika des 5. Jh.s ging der **Dom Sant'Eusebius** im Norden des Zentrums hervor. Seine neoklassizistische Fassade weist auf eine breite Grünanlage in Richtung Bahnhof; der Glockenturm stammt aus dem 12. Jahrhundert.
Bauliches Juwel der Stadt aber ist die **Basilica Sant'Andrea** (1227) in der Nähe; sie gilt als bedeutendstes Werk am Übergang von der Romanik zur Frühgotik in Norditalien. Der Kreuzgang birgt noch mittelalterliche Details. Der frei stehende Campanile stammt aus dem 15. Jh. Das östlich des Doms gelegene mittelalterliche **Castello Visconteo** ist heute Sitz des Gerichts.

MUSEUM
Auf einer privaten Sammlung europäischer Kunstwerke ab dem 16. Jh. basiert das **Museo Borgogna** (Via Antonio Borgogna 4, www.museoborgogna.it, Mi., Fr. 14.30–17.30, Do.

13.30–17.30, Sa./So. 11.00–17.00 Uhr) die zweitwichtigste Pinakothek des Piemont.

HOTEL
Zeitgenössische Eleganz verbunden mit Landhaus-Akzenten bietet das Bed & Breakfast **€ € La Terrazza Vercelli** (Via San Paolo 18, www.laterrazzavercelli.it, 6 Zi.).

RESTAURANT
Ein wenig wie bei *nonna,* der Großmutter, sieht es in der winzigen **€ € Trattoria Paolino** (Piazza Camillo Cavour 5, Tel. 0161 21 47 90, Mo. geschl.) aus.

UMGEBUNG
Das **Castello di Masino** **TOPZIEL** (49 km nordwestl.) blickt auf 900 Jahre Geschichte zurück. Es war noch bis 1987 bewohnt. Die umfangreiche Ausstattung der Säle – Möbel, Fresken und Gemälde – bringt vor allem das 17. und das 18. Jh. näher. Beiderseits des Canale Cavour (33 km westl.) liegen zahlreiche historische **Reisgüter,** darunter bei Livorno Ferraris die mit der Università di Scienze Gastronomiche in Pollenzo kooperierende Tenuta Colombara (http://acquerello.it) mit einem kleinen Museum zur Geschichte des Reisanbaus.
Die romanische Kirche San Michele in Insula von **Trino** (18 km südl.) schmücken Fresken aus dem 13. Jahrhundert.

EIN PANORAMA GRANDIOSER WEITE ENTZÜCKT UM TRINO. REISFELDER ERSTRECKEN SICH SCHEINBAR ENDLOS UNTER DEM AZURBLAUEN FIRMAMENT.

In romanischem und gotischem Stil präsentiert sich die **Abbazia di Vezzolano** **TOPZIEL** (60 km südl., Sa./So. 10.00–18.00 Uhr, www.vezzolano.it). Die Fresken im Kreuzgang stammen aus dem 14. Jahrhundert.

INFORMATION
ATL Vercelli, Viale Giuseppe Garibaldi 96, Tel. 0161 5 80 02, https://visitvalsesiavercelli.it

3 Casale Monferrato

Literarisch verewigt von Umberto Eco in seinem Roman „Die Insel des vorigen Tages" (Orig. 1994) liegt die Hauptstadt (34 000 Einw.) der einstigen Grafschaft Monferrato und der heutigen Region Basso Monferrato am südlichen Ufer des Po und von sanften Hügeln umgeben. Im 17./18. Jh. zu einer der stärksten Festungsstädte Europas ausgebaut, weist der Bischofssitz in seinem historischen Kern zahlreiche Zeugnisse des Barock auf.

SEHENSWERT
Markant reckt sich an der **Piazza Mazzini** die **Torre Civica;** der 60 m hohe Backsteinturm (11./16. Jh.) mit logenartiger Spitze ist das Wahrzeichen der Stadt. Von der langen Militärgeschichte Casales kündet heute einzig noch das **Castello dei Paleologi** (14./18. Jh.) östlich davon. Wehrgänge und Untergeschosse im Westflügel der Burg können zu bestimmten Festterminen besichtigt werden.
An der Piazza Castello steht auch das bis heute bespielte **Teatro Municipale** (1791). Aus der gleichen Epoche wie das Gemeindetheater datieren zahlreiche Adelspaläste und Offiziers- bzw. Bürgerhäuser, darunter der Palazzo San Giorgio und der Palazzo Magnocavalli (beide von der Kommunalverwaltung genutzt und öffentlich zugänglich) sowie der zu Konzerten der Accademia Filarmonica geöffnete Palazzo Treville (alle Via Mameli, südwestl. der Piazza Mazzini).
Zu den ältesten Bauwerken der Stadt zählt die **Cattedrale di Sant'Evasio,** eine der schönsten romanischen Kirchen Italiens (im 19. Jh. erneuert; Piazza Angrisani, 8.30 – 12.00, 15.00 bis 18.30 Uhr, außer zu Gottesdienstzeiten) und zugleich ein statisches Meisterwerk ihrer Zeit, ablesbar am mächtigen Kreuzgewölbe. Das Innere birgt eine von Benedetto Alfieri geplante Kapelle aus dem 18. Jh. und eindrucksvolle Reste antiker Mosaiken.
Im ehemaligen Judenviertel befindet sich die **Synagoge** (1595) mit dem angeschlossenen, reich bestückten **Museo Ebraico** (Museo degli Argenti; www.casalebraica.info).

VERANSTALTUNGEN
Jedes zweite Wochenende (Sa./So., außer im August) findet auf der Piazza Castello ein großer **Antiquitätenmarkt** statt – verbunden mit einem Bauernmarkt (So.).

INFORMATION
Ufficio IAT, Via Mameli 10, Tel. 0142 44 43 05, www.comune.casale-monferrato.al.it

JA NATÜR LICH

MIT FAHRRAD UND FERNGLAS

Inmitten der Reisfelder der Poebene liegen immer wieder auch kleine Naturschutzgebiete. Von speziellen Ausgucken kann man hier viele Vogel- und Wassertierarten beobachten. Hinter dem Museo Etnografico dell'Attrezzo Agricolo 'L Çivel lehnen die Fahrräder für unsere Tour: dicke Stollenreifen, der stabile Rahmen mal in Sonnengelb, mal in Azur. Wir schauen nochmals auf die Karte mit den Fernglassymbolen – und los geht es durch das Portal des landwirtschaftlichen Freiluftmuseums in die Reisfelder.

Vor einer verlassenen Cascina mit überwucherter Jugendstilkirche holpern wir über die schmalen, schnurgeraden Pfade, die sich durch die Felder ziehen. Nach einer guten halben Stunde und mehreren Richtungswechseln gelangen wir zum ersten der kleinen Naturschutzgebiete: der Palude di Casabeltrame. Hinter einem Holztor erstreckt sich eine üppige grüne Wildnis.

Fernglas in Position – so kommen die scheuesten Vogelarten in den Blick.

Am Ufer eines Sees steht eine Stelzenhütte. Durch ihre mit Moskitonetzen vergitterten Fenster entdecken wir mit dem bloßen Auge eine Fülle von Enten- und Reiherarten sowie das glänzende Fell zweier Biber knapp über der Wasseroberfläche. Das Fernglas erlaubt den Blick aber auch in ein im Schilf verstecktes Nest mit angebrüteten Eiern. Es ist stickig in der Hütte, bleiche Mückenlarven liegen auf den Fenstersimsen. Ein regionaler Künstler, so erfahren wir, hat die hier angebrachten Bilder der Vögel angefertigt.

Kontakt: Comune di Casabeltrame, Via Vittorio Emanuele III n.15, Casabeltrame, Tel. 0321 8 31 54, www.comune.casalbeltrame.no.it, https://www.parcoticinolagomaggiore.com/de-de/aree-protette/servizi/riserva-naturale-della-palude-di-casalbeltrame
Planung: Die Karte zu den Vogelbeobachtungsstellen gibt es kostenlos im Museum; auch Räder können dort ausgeliehen werden.

Langhe und Monferrato

*

GENUSS IN ALLEN FACETTEN

*

Sanfte Rebhügel, lichte Trüffel- und Haselnusshaine, königliche Residenzen und farbenfrohe Feste: An den Ufern des Tanaro ist das Dolce Vita des Piemont zu Hause. Namen wie Barolo, Asti, Alba und Bra stehen für höchste Genießerfreuden. Kein Wunder, dass in diesem Schlaraffenland die Slow-Food-Bewegung ihren Anfang nahm.

Die roten Dächer von Serralunga d'Alba setzen sich kräftig vom Grün der Langhe-Landschaft ab. Die Weinlandschaft Langhe- Monferrato gehört zum Welterbe der UNESCO.

Zeitgenössische Künstler im Piemont wie hier Valerio Berruti mit seiner Frau Elisa Giordano schaffen und schufen großartige Kontraste zu den Werken Alter Meister.

Unvergessen: der 2016 viel zu früh vertorbene piemontesische Cantautore Gianmaria Testa.

Alltag in Alessandria – Fisch bekommt man kaum frischer als in der Fischhandlung in der Fußgängerzone.

Traditionell wie der Borsalino ist das Ambiente des historischen Ladens am Corso Roma in Alessandria.

Tane oder Tani nennen die Piemontesen liebevoll den zweitgrößten Fluss ihrer Heimat. An den Ufern seiner ungezählten Windungen reihen sich berühmte Orts- und Städtenamen, die die Augen eines jeden Feinschmeckers und Weinliebhabers leuchten lassen. Von dem Schnecken-Dorado Cherasco über die Trüffelhochburg Alba und durch die Rebhügel des Astiese begleitet der Tanaro den Reisenden bis hinauf nach Alessandria mit seinem wunderbaren Markt an den nördlichen Arkadengängen der Piazza Garibaldi. Von hier sind es nur ein paar Schritte zum Palazzo Borsalino, der legendären Hutfabrik, die ab 1857 den Ruf Alessandrias hinaustrug in die Welt. Zwar werden heute in dem Art-déco-Gebäude keine Kopfbedeckungen mehr produziert – dafür wird Wissen gelehrt (einen

LÄNGST IST EIN BORSALINO NICHT MEHR NUR MÄNNERSACHE.

Teil der Räumlichkeiten nutzt die Universität) –, aber die Antica Casa, das erste Verkaufsgeschäft am Corso Roma, ist noch original erhalten. In den edlen Holzregalen stapeln sich freilich längst diverse Modelle des typischen *cappello* mit breitem Ripsband – inzwischen auch in Farben wie Flieder oder Türkis und für den Sommer aus hellem, breitkrempigem Strohgeflecht. Denn längst ist ein Borsalino nicht mehr nur Männersache ...

TON- UND FARBANGEBEND

Auch im 21. Jahrhundert waren und sind es häufig die Herren der Schöpfung, die den Ton angeben im Piemont. Wie zum Beispiel lange Zeit (und im Sinne des Wortes) der 2016 verstorbene Gianmaria Testa, der in Cuneo als Bahnhofsvorsteher tätig war, bevor er seine Gesangskarriere startete. Oder Ludovico Einaudi, Pianist und Komponist; sein Vater hatte einen Verlag in Turin gegründet, der lange zu

An lange vergangene Zeiten erinnert das Mittelalterfest in Canelli.

Der Palio ist der große Stolz (fast) aller Astiesen; umso glücklicher nimmt der Sieger nach dem Pferderennen die Glückwünsche entgegen.

Ein großes Event ist die Nachstellung der Belagerung Canellis in historischen Kostümen und mit ebensolchem Equipment – gefeiert wird damit Jahr um Jahr der gemeinsame Sieg von Bevölkerung und Soldaten über den Herzog von Gonzaga.

Die Destillerie Berta bei Mombaruzzo hat sich der Grappaproduktion verschrieben. So unterschiedlich die Holzart der Fässer, in denen das Destillat im Reifekeller lagert, so unterschiedlich sind in Geschmack und Farbe auch die Grappasorten.

den bedeutenden Institutionen auf dem Gebiet der Literatur im Lande zählte. Umberto Eco, Philosoph und Bestsellerautor aus Alessandria, rief hingegen die Internetzeitschrift *Golem l'Indispensabile* als Sprachrohr für soziokulturelle Belange und mit anderen 2002 die Gruppe Libertà e Giustizia als intellektuelle Opposition gegen die Politik des damaligen Staatspräsidenten Berlusconi ins Leben. Carlo Petrini aus Bra wiederum begeistert nicht nur seine Landsleute von der Idee des langsamen, bewussten Genusses. Valerio Berutti reflektiert mit seinen Zeichnungen, Gemälden und Plastiken Alltagsthemen. Sein Atelier hat der gebürtige Albanese in einer von ihm restaurierten Kirche aus dem 17. Jahrhundert im Weiler Verduno, kaum drei Kilometer Luftlinie von der (niemals geweihten) Weinbergkapelle Madonna delle Grazie (1914) unterhalb von La Morra. Deren Außenmauern bemalte der US-amerikanische Künstler Sol LeWitt in leuchtenden Farben, sein englischer Freund und Kollege David Tremlett sorgte für die ebenso farbenfrohe Innengestaltung.

EIN ETIKETT KOMMT ZU EHREN

Gestaltung spielte auch für den Grappa-Macher Romano Levi aus Neive eine Rolle. Ab den 1960er-Jahren schuf er eigenhändig seine Flaschenetiketten. Auf die schlichtesten malte er neben die handschriftlich vermerkten Informationen zum Inhalt das eine oder andere Blümchen; auf andere schrieb er ein Gedicht. Selten zeigt sich auf den Etiketten das Motiv der legendären „Donna Selvatica", eine mit wenigen Strichen skizzierte Frauengestalt. Diese, wie es heißt, imaginäre Lebensgefährtin des ewigen Junggesellen Levi ziert inzwischen auch den Boden des Museums zu Ehren des 2010 verstorbenen Destillateurs im einstigen Palazzo Comunale.

MAN SPÜRT DIE SPANNUNG AM VORABEND DES PALIO ...

FESTLICHER PFERDEWETTSTREIT

Es geht hoch her unter den Arkaden von Asti an diesem Samstag, dem Vorabend des Palio. Die *rioni* und *borghi,* die teilnehmenden Stadtviertel, richten ihre *cena* aus. Es wird gelacht und anfeuernd gesungen bei diesem einfachen Mahl, das die langen Vorbereitungen für das historische Pferderennen krönt. Doch man spürt die Spannung unter der Fröhlichkeit – wird er gewinnen, der Reiter, auf dessen Können das Komitee in diesem Jahr gesetzt hat? Zu später Stunde kommt er an den Ehrentisch des Bürgermeisters. Alle Blicke der fast 70 Gäste von San Secondo, dem zentralen Stadtviertel mit weiß-roter Wappenfarbe, wenden sich ihm zu.

Der erstmals im Jahr 1275 belegte Palio von Asti ist deutlich älter als der von Siena. Fahnenschwinger und ein historischer Kostümumzug rahmen den eigentlichen Kampf der (sattellosen) Rosse auf der Sandbahn im Herzen der Stadt. An einem ihrer Ränder formiert sich meist ein Grüppchen Paliogegner, Tierschützer in der Regel, deren Stimme vor allem dann Gehör findet, wenn mal wieder ein Unfall passiert ...

PAVESES ERINNERUNGEN

Hinter der Brücke über den Tanaro steht auf der Strada Provinciale 31 von Santo Stefano Belbo eine große Stele. Sie trägt das Bildnis von Cesare Pavese (1908–1950), dem berühmtesten Sohn des 4000-Seelen-

Langhe und Monferrato geizen nicht an Impressionen, die sie dem Reisenden mitgeben – da sind in sanfte Hügel eingebettete Orte wie Barolo, Leute bei einem nachbarschaftlichen Schwatz wie in Serralunga d'Alba, Begegnungen mit Kellermeistern und Einblicke in Weinkeller wie bei Gavi.

Senkt sich der Abend über das Land, steigt mancher Gast auch gern auf einen angesagten Cocktail um.

La Morra ist einer der elf Orte, die die hier angebaute, ausdrucksstarke Nebbiolo-Traube als Barolo vermarkten dürfen.

Ortes. Das Geburtshaus des Autors und Übersetzers liegt ein wenig abseits des Zentrums in Richtung Canelli; es dient inzwischen für Wechselausstellungen diverser Art und birgt im Obergeschoss das nachgestellte Schlafzimmer der Familie. Nur wenige Spazierminuten vom Eckgebäude lebte Pinolo Scaglione, ein Schreiner und Instrumentenbauer, der Pavese zum engen Freund wurde – und als Nuto (da er stets ein *benvenuto* als Willkommensgruß auf den Lippen hatte) Eingang in sein Werk fand.

„Es riecht nach frischem Holz, Blumen und Sägespänen", heißt es über Nutos Werkstatt bei Pavese – und wer heute das Glück hat, einen Blick in sie zu erhaschen (etwa im Rahmen einer Führung der Fondazione Pavese), könnte tatsächlich meinen, Nuto sei noch zu Gange, denn dort wurde fast alles wie an seinem letzten Tag belassen.

AUF DEN SPUREN DES PAPSTES

In der Locanda dell'Antico Ricetto sitzen die Gäste dem Papst quasi auf dem Kopf. Denn das Lokal im historischen „Palas ad Bulca" von Portocamaro thront auf der Krone der Stadtmauer, an der ein riesiges Plakat mit dem Konterfei von Franziskus hängt. Auch der Blumenladen hat seine Fassade mit dem Bild des „papa" geschmückt. Man ist stolz auf Francesco in Portocamaro, schließlich stammen Urgroßvater und Großvater des christlichen Oberhirten aus dem Ort – und auch sein in Turin geborener Vater Mario Bergoglio lebte hier, bevor er 1929 mit den Eltern nach Argentinien auswanderte.

Der kleine Jorge Mario Bergoglio lernte erst im Alter von zehn Jahren die Heimat seiner Vorfahren kennen – aus der übrigens noch ein anderer wichtiger Geistlicher stammt: Giovanni Melchiorre Bosco, besser bekannt als Don Bosco. Die Wiege des vom Vatikan 1934 heiliggesprochenen Jugendseelsorgers und Gründers des Salesianerordens stand in Becchi bei Castelnuovo.

An diesem Sonntag jedoch spielt die Religion nur eine Nebenrolle in den Ge-

Ein wahres Fest für Auge, Nase und Geschmackssinn ist die Slow-Food-Käsemesse in Bra, die die ganze Fülle an Käsevarianten vor den Besuchern ausbreitet.

Was unter so großer Anteilnahme bravourös gesucht und gefunden wird, kommt später fein gehobelt …

… über das Risotto al Tartufo Bianco wie hier im Ristorante Alla Corte degli Alfieri.

Special

Slow Food

Genuss mit Muße

Alles begann in Serralunga d'Alba: Der als Sohn eines Eisenbahners in Bra geborene Publizist und Soziologe Carlo Petrini legte mit der von ihm gegründeten Gesellschaft der Freunde des Barolo den Grundstein für die weltweite Slow-Food-Bewegung bewusster Genießer und verantwortungsvoller Konsumenten.

Kein Schneckensymbol, nirgends. Weder in Bra, wo alljährlich die große Slow-Food-Käsemesse Cheese ausgerichtet wird, noch in Pollenzo, wo die Università degli Studi di Scienze Gastronomiche ebenso ihren Sitz hat wie die Banca del Vino, das Weingedächtnis Italiens. Beides sind Slow-Food-Gründungen; die Organisation selbst wurde auf Fontanafredda geboren, mitten in den Weinbergen des Barolo. Man schrieb das Jahr 1986; in Rom hatte gerade an der Spanischen Treppe die erste McDonald's-Filiale eröffnet. Petrini, der seit Mitte der 1970er-Jahre über Essen und Trinken schrieb, an

Im Weinarchiv der Banca del Vino in Pollenzo

der Gründung der Zeitschrift Gambero Rosso beteiligt war und öffentlich gegen das Panschen von Barolo protestiert hatte, organisierte als Antwort darauf ein öffentliches Spaghetti-Essen auf der Piazza di Spagna. Drei Jahre später wurde in Paris Slow Food International gegründet, 1996 rief Carlo Petrini in Turin den Salone del Gusto ins Leben. Heute ist Slow Food eine weltweit Nachhaltigkeit und Genuss propagierende Vereinigung.

sprächen der Portocamaresen. Denn zu Füßen der Palastmauer wird ein Tamburello-Match ausgetragen. Bei dem bereits in der Renaissance bekannten, von den Regeln her etwa dem Tennis vergleichbaren Spiel wird ein kleiner Ball mit einem tambourinartigen Schläger geschlagen. Anfang des 19. Jahrhunderts bauten norditalienische Städte wie Turin Arenen für den Tamburello-Sport.

KÖSTLICHKEITEN AUS BRA

Beim Spaziergang durch Bras Gassen stehen wir plötzlich vor diesem Käseladen in der Via Montegrappa. Fiorenzo Giolito beschwört zunächst die Vergangenheit herauf, erzählt die Geschichte von seiner Großmutter, die mit dem Pferd bis nach Genua ging, um dort den Auswanderern Käse aus Bra zu verkaufen – auf dass diese ein Stück Italien in die unbekannte Ferne mitnähmen.

Doch rasch schlägt der Affineur den Bogen zur Gegenwart, präsentiert Toma, Castelmagno, Robbiola, Raschera, Murazzano und Nostrale, den Käse der Hirten, sowie die neue Kreation Braciuk, einen trestergelagerten Bra. Seit den 1990er-Jahren hat sich Signore Giolito auf die *formaggi* des Piemont spezialisiert, lässt in seinen Kellern reifen, was Käsemacher auf den Almen des Piemont zu Laiben und Rollen formten. Köstlich!

Wein

DER BAROLO UND SEINE BRÜDER

Ob rot oder weiß, „fermo" oder „frizzante" – in Sachen Wein ist das Piemont federführend, was die Qualität betrifft: Es gibt 17 kontrollierte und garantierte Herkunftsbezeichnungen (DOCG, die höchste italienische Güteklasse) – so viele wie sonst nirgendwo in Italien.

Asti Spumante. Nicht nur jeder Piemontese und jeder Italiener kennt diesen Wein: ein prickelnder Botschafter des Monferrato – jener Region, aus der auch der Barbera stammt. Aber eines gleich vorweg: Asti Spumante wird nicht in der Stadt Asti produziert. Seine Kellereien – Bosco, Coppo, Contratto – liegen vielmehr im Ort Canelli – in der Provinz Asti!

PIEMONTESER TRAUBENPRACHT

Während im Monferrato überdies Trauben für zwei weitere (nicht moussierende) Süßweine wachsen, nämlich Brachetto und Malvasia, stammen aus dem Roero, dem Gebiet um die Trüffelmetropole Alba, der kernige weiße Arneis und der etwas spritzigere Favorita.

TIEFES ROT, HELLES WEISS

Vornehmlich an den Hügeln der Langhe wächst die Nebbiolo-Traube für den Barolo, den „Wein der Könige", und seinen „kleinen Bruder", den samtigen Barbaresco.

Aber auch der auf weiten Flächen angebaute, beliebte Dolcetto und der Moscato sind um Asti und Dogliani anzutreffen; südlich von Alessandria ist der weiße, mineralische Gavi zu Hause. Viele dieser Weine tragen das Güte- und Herkunftssiegel DOCG – Denominazione di Origine Controllata e Garantita. Auch im piemontesischen Norden produzieren Winzer köstliche Tropfen – etwa den Gattinara (benannt nach seinem Erzeugerdorf) oder den wieder zunehmend interessanten autochthonen Erbaluce, angebaut unter anderem im Canavese und an den Colline Novaresi.

Aus dem winzigen DOCG-Gebiet um Ghemme (rd. 50 Hektar) kommt ein rubinroter Nebbiolo mit Veilchen- und Rosenaromen. Und sogar im Aostatal stehen rund 700 Hektar unter Reben. Die Weingärten befinden sich hier in einer Höhe von bis zu 1200 Metern.

EINLAGE FÜR DIE EWIGKEIT

Wer mehr über piemontesische Weine wissen möchte, wendet sich am besten an Francesca oder ihre Kollegen von der Banca del Vino in Pollenzo (S. 101). Alle Weinregionen Italiens sind hier vertreten, jeder der nach dem Slow-Food-Guide ausgewählten Winzer lieferte 90 Flaschen ein – „in der Banca aufgeteilt für den Verkauf, zum Altern und als ewige Einlage", erläutert Francesca.

Das ganze Jahr über bietet die „Bank" in Pollenza Verkostungen an, doch auch bei den meisten Winzern darf man natürlich ein Schlückchen probieren; mitunter wird allerdings ein kleiner Obolus erhoben. *Spumante, frizzante* und *fermi* (stille Weine) sind darunter sowie besondere Weinspezialitäten.

Barbera und andere Weine produziert Pierfranco Baldi und verleiht den Flaschen puristische Etiketten (oben). Auf den trockenen Gavi kommen diese Korken.

Aus den dunklen Nebbiolo-Trauben entsteht der renommierte Barolo.

Fakten & Informationen

Die Weinbaufläche des Piemont beträgt rund 58 000 Hektar; das Gros der Reben steht im Gebiet des Monferrato. Die am weitesten verbreitete Rebsorte ist Barbera. Nur drei Orte verfügen über offiziell anerkannte Lagen für Barbaresco: der Namensgeber sowie Neive und Treiso.

Weitere Informationen zum Wein im Piemont bieten u. a. das Museo del Vino und die Enoteca Regionale del Barolo im Schloss Barolo (S. 99), die Enoteca Regionale (Piazza del Municipio 7) in Barbaresco sowie die Önothek in der Burg von Grinzane Cavour (www.castellogrinzane.com).

Maßstab 1:375.000
10km
SETTIMO TORINESE
CASALE MONFERRATO
CHIERI
ASTI
ALESSANDRIA
TORTONA
VOGHERA
VALENZA
NOVI LIGURE
ALBA
BRA
Cherasco
Acqui Terme
Ovada
Nizza Monferrato
Canelli
Villanova d'Asti
Castelnuovo Scrivia
Serravalle Scrivia
Gavi
Parco Capanne di Marcarolo
1
2
3
4

ZU GAST BEIM KÖNIG DER WEINE

An den Ufern des Tanaro und in den Hügeln der Langhe sowie des Roero hat die Natur ihr Füllhorn ausgeschüttet. Von der Borsalino-Wiege Alessandria bis zur Slow-Food-Hochburg Bra ziehen sich Weinlagen mit Weilern wie Barolo, Barbera, La Morra und Canelli; nicht zu vergessen die Trüffelmetropole Alba und das Palio-Städtchen Asti.

Das Wahrzeichen der Stadt Acqui Terme: Auf der Piazza della Bollente schützt ein achteckiger marmorner Pavillon die Thermalquelle – „La Bollente", die Heiße.

1 Alessandria

Papst Alexander III. stand Pate beim Namen der 1168 gegründeten heutigen Provinzhauptstadt (94 000 Einw.) am Ufer des Tanaro. Am Handelsweg nach Genua gelegen, gelangte die spätere Heimat des Komponisten Jean Massin, des Hutmachers Giuseppe Borsalino und des Schriftstellers Umberto Eco zu wirtschaftlicher Blüte.

SEHENSWERT

Hinter den Bogenportalen der Piazza Garibaldi erstreckt sich das lebendige Altstadtviertel Rovereto mit baulichen Zeugnissen vor allem des 18. und 19. Jh.s. Nach dem Abbruch der napoleonischen Bastionen erfolgte eine radikale urbanistische Neugestaltung der Stadt.
Auf das 9. Jh. geht die Kirche **Santa Maria di Castello** im Norden des Zentrums zurück; ebenfalls mittelalterliche Ursprünge haben die **Umiliati-Häuser** (Via Lumelli), der **Bischofspalast** und der **Dom San Pietro** (im 19. Jh. umgestaltet; Piazza Giovanni XXIII). Ein imposantes Beispiel des piemontesischen Barock ist der **Palazzo Ghillini** von Benedetto Alfieri; das **Rathaus,** der Palazzo Rosso, mit seinem Mondphasenquadranten stammt aus dem 18. Jh. (beide Piazza della Libertà). Die **Zitadelle** am anderen Tanaro-Ufer wurde noch bis 2007 militärisch genutzt.

MUSEUM

Kunst in vier Varianten birgt das Ensemble der **Musei Civici** (Via Niccolò Machiavelli 13, Do., Sa./So. 15.00–19.00 Uhr, www.asmcostruireinsieme.it/sale-darte) in seinen Sale d'arte: vom mittelalterlichen Fresken-Zyklus zur Artur-Sage über die Kollektion Milgliara (19. Jh.) bis hin zu den Werken von Alberto Caffasie und anderen zeitgenössischen Künstlern.

HOTEL

Fröhliche Farben dominieren in den drei Zimmern des **€ / € € B & B Arcobaleno** (Via Verona 102, www.bbarcobalenoalessandria.it) in einem Gebäude aus dem 18. Jahrhundert.

EINKAUFEN

An der Shoppingmeile Corso Roma (Nr. 20) gibt es aktuelle **Borsalino-Hüte.**

UMGEBUNG

Zu Füßen der eindrucksvollen Festung von **Gavi** (36 km südöstl.) wachsen die Trauben für den bekannten trockenen Weißwein gleichen Namens. Bereits in der Antike wurden die Heilwässer von **Acqui Terme** (35 km südwestl.) genutzt. Mitten in der Altstadt beschirmt ein Pavillon eine 75 °C heiße Schwefelquelle; der historische Kurbereich mit nun modernen Spa-Alternativen liegt südlich des Zentrums am Flussufer.

INFORMATION

IAT Alessandria,
Piazza della Libertà 43,
Tel. 0131 20 80 95,
https://visitalessandria.it, www.alexala.it

Tipp

Wein filmreif

Im Schloss Barolo widmet sich das von François Confino, dem Szenografen des Kinomuseums in Turin, ausgestattete Museo del Vino auf anregende Weise allen Facetten des Weins. Das kann auch mal spielerisch geschehen – die Traube steht aber immer im Zentrum.

WIMU MUSEO DEL VINO

Castello Comunale Falletti di Barolo,
www.wimubarolo.it

❷ Asti

Hervorgegangen aus dem römischen Hasta, bereits im 5. Jh. Bischofssitz und wichtigste Stadt im Piemont, verbindet man heute mit Asti (75 000 Einw.) v. a. Pferde (Palio) und Wein.

SEHENSWERT
Hauptader der Stadt ist der von alten Palazzi, Bars und Läden gesäumte **Corso Vittorio Alfieri,** benannt nach dem in dem dortigen Palazzo Alfieri geborenen Dichter und Dramatiker (1749 – 1803). Politische und religiöse Macht konzentriert sich an der **Piazza San Secondo** im Zentrum mit der gleichnamigen, romanisch-gotischen Kirche sowie dem barocken **Palazzo Civico,** Sitz des Stadtrats und des Palio-Gremiums. Der **Palazzo del Podestà** (Via dei Cappellai/Via Incisa) nahe der Piazza zählt zu den schönsten mittelalterlichen Bauten Astis. Der frei stehende Turm, die **Torre Rossa** (11. Jh., ursprünglich Teil der römischen Stadtmauer), schließt sich im Westen an den Corso an. Unweit des Palazzo Ducale, an der Piazza Medici, reckt sich die mittelalterliche **Torre Troyana** (44 m), einer der einst zahlreichen Geschlechtertürme – wie die sich südlich davon erhebende **Torre de Regibus** (Via Roera/Corso Alfieri) oder die **Torre Comentina** (Corso Alfieri).
Auf den Resten einer römischen Kirche ruht die eindrucksvoll verzierte Kathedrale **Santa Maria Assunta e San Gottardo** (1295 – 1350) nördlich des Corso Vittorio Alfieri.

MUSEUM
Im restaurierten barocken **Palazzo Mazzetti** sind Stadtmuseum und städtische Pinakothek untergebracht (Corso Alfieri 357, https://www.museidiasti.com/palazzo-mazzetti, Di.–So. 10.00–19.00 Uhr).

VERANSTALTUNG
Wichtigster Termin im Festkalender ist der **Palio TOPZIEL** (https://visit.asti.it/de/september-in-asti/der-palio-von-asti, Anfang September).

Tipp

Honig & Eis

Antonio Strumia eröffnete einst die erste Mieloteca Italiens. Sein Nachfolger in dem urigen Lädchen (mit kleinem Café) bietet noch immer eine Fülle von Honigsorten an. Und als gelernter Pasticciere führt er die Tradition des hausgemachten Feingebäcks wie Brut e bun, Macarons und feine Torten fort.

IL TROVAROBE DI COSE BUONE
Via Vittorio Emanuele 9, Sommariva del Bosco, Tel. 320 8 78 24 18, Di.–So. 7.00–12.30 und 15.00 bis 19.30 Uhr, Mi. nachm. geschl.

Wehrhaft sind die Festung bei Gavi (oben) und das Castello von Grinzane Cavour (re.). Käse ist Thema und Kulisse auf der Messe in Bra (oben).

HOTEL
Das familiengeführte, charmante **€ € € Hotel Cà Vittoria** (Via Roma 14, Tigliole d'Asti, www.ristorantevittoria.it, 14 Zi., Restaurant, Terrasse, Pool) liegt ruhig und mit herrlichem Ausblick und Sternerestaurant vor den Toren von Asti.

RESTAURANT
Ravioli al Plin, gefülltes Kaninchen, Lauchrisotto – eine günstige Auswahl (nicht nur) Piemonteser Spezialitäten und regionale Weine glasweise bietet das kleine Altstadtlokal **€ / €€ Il Cavolo a Merenda** (Via Garetti 8, Tel. 0141 1 72 02 50, www.ilcavoloamerenda.it, So. nur mittags) .

UMGEBUNG
Für die Fans des Schriftstellers Cesare Pavese gibt es in seinem Geburtsort **Santo Stefano Belbo** (27 km südl.) ein kleines Museum mit Fotos, Erstausgaben und Handschriften (Fondazione Pavese, Piazza Confraternita, www.fondazionecesarepavese.it).
Vor allem für seine historischen Gewölbekeller ist das Sektstädtchen **Canelli** (26 km südöstl.) berühmt. **Nizza Monferrato** (25 km südöstl.) richtet jeweils im Mai oder Juni die Corsa delle Botti aus, ein Fasswettrollen mit buntem Rahmenprogramm.
In **Casteletto Molina** (33 km südöstl.) hat die Destillerie Berta ihren Sitz. Um **Mombaruzzo** (25 km südöstl.) werden die Reben für den roten Dolcetto d'Asti sowie für diverse Schaumweine angebaut.

INFORMATION
Ufficio Informazioni, Piazza Alfieri 34, Tel. 0141 53 03 57, www.visitlmr.it

❸ Alba

Als Alba Pompeia 89 v. Chr. gegründet, im 11. Jh. erneut erblüht, fiel die heutige Trüffel- und Weinhochburg 1259 an Asti, ihre Konkurrentin als Stadtrepublik. Nach einer großen Pestepidemie erholte sich die „Stadt der 100 Türme" (32 000 Einw.) wieder unter den Savoyern; im 20. Jh. war sie eine der Hochburgen der Resistenza.

SEHENSWERT
Ziegelrot dominiert die **Cattedrale di San Lorenzo** (15./16. und 19. Jh.; Glockenturm

12. Jh., interessante Innenausstattung) das Herz der ringförmigen und weitgehend autofreien Altstadt zwischen Piazza Rosetti und Piazza Risorgimento. An der Hauptgeschäftsader **Via Vittorio Emanuele,** die zu den Arkaden der Piazza Savona führt, steht die Barockkirche **Santa Maria Maddalena.** Von den mittelalterlichen Geschlechtertürmen sind nur noch wenige erhalten, vor allem in der Via Camillo Benso Cavour **(Torre Astesiano).** Am Alten Marktplatz (Piazza Pertinace) steht noch die **Casa Giuliano,** bekannt unter dem Begriff Loggia dei Mercanti.

VERANSTALTUNGEN
Berühmt sind vor allem der **Trüffelmarkt** (Okt.; jedes Wochenende) sowie der **Palio degli Asini,** der Eselspalio (s. S. 49).

UMGEBUNG
Reizvolle Weinorte wie **Barbaresco** (11 km östl.), **Neive** (14 km östl.), **Serralunga d'Alba** (18 km südl.), **Roddi** (9 km südwestl.), **Grinzane Cavour** (10 km südwestl.) und **Barolo** (14 km südwestl.) lassen sich bestens per Auto oder Rad erkunden. Rund 13 km südlich liegt **Castiglione Falletto,** ein Dorf mit mächtiger Festung und bedeutenden Barolo-Weingütern.

INFORMATION
Ufficio Turistico, Piazza Risorgimento 2, Tel. 0173 3 58 33, www.langheroero.it

❹ Bra

In dem von den Hügeln des Roero umgebenen, aus dem antiken Brayda erwachsenen Barockstädtchen (29 800 Einw.) am Tanaro dreht sich fast alles um den Genuss. Slow Food, die Käsemesse Cheese und die legendäre, vom Hause Savoyen autorisierte rohe Kalbswurst sorgen für internationale Bekanntheit; die fruchtbaren Felder der Umgebung liefern reichlich Gemüse.

SEHENSWERT
Um die Piazza Caduti della Libertà, den historischen Marktplatz, stehen die wohl eindrucksvollsten Zeugnisse des Barock, allen voran die Kirche **Sant'Andrea** (1672 – 1687), ursprünglich ein Projekt von Gian Lorenzo Bernini. Der Turiner Baumeister Bernardo Antonio Vittone gestaltete den **Palazzo Comunale** um. Weitere Paläste sind der **Palazzo Mathis** (Wandmalereien in der Sala Nobili, 17. Jh.) und der **Palazzo Garrone,** beide gehen auf das Mittelalter zurück.
Treffpunkte der von zahlreichen Gassen und Innenhöfen geprägten Stadt sind die **Via Cavour** und die **Via Vittorio Emanuele** mit ihren historischen Geschäften und Cafés (wie dem „Converso" von 1901).
Das Wahrzeichen **La Zizzola,** eine achteckige Villa auf der Kuppe des Monteguglielmo und beliebter Aussichtspunkt, stammt aus dem 19. Jahrhundert.

MUSEUM
Im Palazzo Traversa (15. – 19. Jh.) ist das **Museo Civico** (Via Parpera 4, www.museidibra.it/museotraversa, So. 10.00–12.30, 14.30–17.30, Do. 15.00–18.00 Uhr) unter anderem mit Funden des römischen Pollentia untergebracht.

VERANSTALTUNG
Die Stände der **Slow-Food-Messe Cheese** (www.cheese.slowfood.it; Sept.) ziehen sich vom Corso Garibaldi bis zur Piazza Roma.

HOTEL/RESTAURANT
Modernes Weingutdesign beherrscht das **€ € € Albergo Cantine Ascheri** (Via G. Piumati 25, www.ascherihotel.it; 27 Zi.), in dessen **€ € Osteria Murivecchi** (Di.–So.; Sa. mittags geschl.) es urig-gemütlich zugeht.

EINKAUFEN
Eine echte **Salciccia di Bra** (Bratwurst aus Bra) gibt es u. a. in der Macelleria Tibaldi (Via Vittorio Emanuele II, 22/79).

UMGEBUNG
Pollenzo (4,2 km östl.) ist Sitz der Slow-Food-Universität, in deren Mauern auch die Banca del Vino eingerichtet wurde (www.bancadelvino.it). Berühmt für seine Schnecken und großen Märkte ist **Cherasco** (6 km südl.; www.comune.cherasco.cn.it).
Einige der besten Weine der Region Barolo kommen aus **La Morra TOPZIEL** (13 km südöstl.); durch die steilen Rebhänge führt der Barolopfad. Im Ortsteil **Annunziata** steht das ehemalige Kloster San Martino di Marcenasco (15./17. Jh.). Seine Mönche ließen bereits Reben reifen. Die Familie Ratti tut es ihnen gleich; sie unterhält ein kleines Weinmuseum in dieser Abtei.

INFORMATION
Ufficio Turismo Bra,
Palazzo Mathis,
Piazza Caduti della Libertà 20,
Tel. 0172 43 01 85,
www.turismoinbra.it

TRÜFFELSUCHE MIT HUND

Tartufo bianco d'Alba – gilt als bester und teuerster Speisepilz der Welt. Der weiße Edelpilz wächst außer bei Alba auch an anderen Orten des Piemont, etwa in der Region von Costigliole d'Asti – ebenso wie die schwarze Variante der begehrten Knollen. Doch unser Weinhändler macht da keine Kompromisse. „Weiße Trüffel oder keine. Und dazu natürlich einen gereiften Barolo."

Auch Natale serviert diese Kombination am Ende unseres Ausflugs in „sein" Revier. Er ist ein *trifulau*, ein lizenzierter Trüffelsucher – wie sein Vater, den er schon im Alter von sieben Jahren begleitete. Heute nimmt Natale auf einige seiner Touren Gäste mit. Meist ist es, wie an diesem Tag, ein internationales Grüppchen. Wir stehen auf dem Familienanwesen; hören ein paar einführende Worte und lernen Natales wichtigste Helfer kennen: seine Hunde.

Nur zwei von ihnen dürfen heute mit. Wir klettern die Straßenböschung hinauf und folgen dem Pfad in ein Wäldchen bis zu einer Lichtung. „Dai, dai", ruft der Trüffelsucher, schnipst und pfeift. „Vai, vai, forza, eh, eh, eh." Die Laute gelten den auf dem Waldboden schnüffelnden Hunden. Es dauert nicht lange, da beginnt einer von ihnen mit Schnauze und Pfoten die Erde zu lockern. Als Natale vorsichtig mit dem *zapin*, seiner kleinen Hacke, nachscharrt, kommt tatsächlich eine winzige Knolle zutage. „Bin, bin", lobt der trifulau – natürlich gibt es für den vierbeinigen Finder ein Leckerli. Unsere Runde indes labt sich später an Carne cruda mit Öl und truffa.

Buchung (Infos auch auf Englisch): La Casa del Trifulau, Strada Canelli 1, Costigliole d'Asti, Tel. 347 299 18 32 oder 339 782 20 21, www.lacasadeltrifulau.it
Dauer: ca. 2 Std., Natale und Pier Giorgio Romagnolo von der Casa del Trifulau bieten das Jahr über Trüffelausflüge an.
Kosten: Gruppen bis zu 4 Pers. 105 €, ab 5 Personen 25 € p.P.
Suche nach weißen Trüffeln: 60 € p.P
Ein weiterer Anbieter: Familie Aloi, Via Firenze 52, Monta d'Alba, Tel. 346 182 05 64 (auch engl./frz.), www.andarpertartufi.com

Westalpen

ERHABENE PRACHT

Natur und Künstlerhand schufen zwischen Saluzzo und Cuneo überwältigende Panoramen. Der gotische Festsaal im Castello di Manta und die Fresken des Meisters von Elva im Maira-Tal wetteifern mit schneebedeckten Alpengipfeln und grünen Hochtälern, die das Herz eines jeden Wanderers und Mountainbikers höher schlagen lassen.

Im rauen Maira-Tal wurden die alten Pfade, die die Dörfer einst miteinander verbanden, zu den Wanderwegen „Percorsi Occitani".

Rund um die Piazza Santa Rosa in Savigliano stehen die Altstadthäuser mit ihren Arkadengängen.

Sehr lebendig wirkt das Geschehen im und um den Jungbrunnen auf dem Fresko in der Sala Baronale des Castello di Manta (oben) – das Motiv des Wandels von Alt zu Jung war seit dem 14. Jahrhundert beliebt. Nördlich vom Castello befindet sich die sehr gut erhaltene Zisterzienserabtei Staffarda samt Kreuzgang (rechts), die romanische und gotische Stilelemente erkennen lässt.

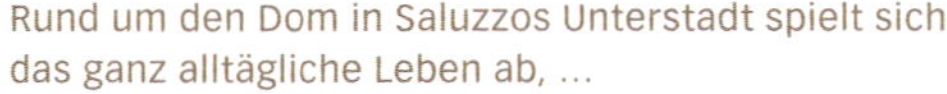

Rund um den Dom in Saluzzos Unterstadt spielt sich das ganz alltägliche Leben ab, …

… wie auch auf dem Wochenmarkt in Savigliano.

Mit Feuer und Öl, so heißt es, habe der karthagische Heerführer Hannibal am Monte Viso die Traversette geschaffen, den späteren Verbindungspass zwischen Frankreich und der alten Markgrafschaft von Saluzzo. Ludovico II., Marchese di Saluzzo, ließ dann – und das ist historisch verbrieft – Ende des 15. Jahrhunderts in der Nähe des Monte Viso den Buco di Viso bauen, den ersten Alpentunnel überhaupt. Der 75 Meter lange Durchstich sollte den Handel mit dem unmittelbaren Nachbarn Frankreich vereinfachen.

Tatsächlich war Saluzzo bereits zu Zeiten Ludovicos ein wichtiger Umschlagplatz für allerlei Waren. Der Markt mit seinen hölzernen Arkaden lag oben im Burgviertel. Von dessen Brunnen aus wurde Wasser über Kanäle auf die gesamte Stadt verteilt. Heute pulsiert das Geschäftsleben hauptsächlich in den steinernen Laubengängen der Unterstadt. Die Stände des Wochenmarktes stehen auf dem großen Areal hinter dem Dom, der einst so hoch über dem Bodenniveau lag, dass man eine Rampe für die Ochsengespanne aufschütten musste, die zu großen Festen wie Ostern oder Erntedank in das Gotteshaus fuhren.

Dank eines speziellen Mikroklimas gedeihen in der Ebene um Saluzzo allerlei Früchte: Äpfel und Trauben, Pfirsiche und Aprikosen sowie Kiwis. In Lagnasco hat eine Versuchsanstalt für alte Obstsorten ihren Sitz.

NASCHKATZE HEMINGWAY

Mit der Süße der Früchte in der Region konkurriert die Süße der Schokolade, von den berühmten, u. a. in Torre Pellice hergestellten *gianduiotti* (den wie ein umgedrehtes Boot geformten Nougat-Pralinen) bis zu den cremig gefüllten *saluzzesi, droneresi* und *cuneesi,* bei denen Alkohol und Baiser eine wichtige Rolle spielen. Ernest Hemingway machte angeblich extra einen Abstecher nach Cuneo, um bei Andrea Arione an der Piazza Galimberti dessen Schokokugeln „al rhum“ zu kaufen.

Das Konditorei-Café ist aber nicht die einzige Überraschung, die Cuneo zu bieten hat. Im Hof des ehemaligen Jesuitenkollegs aus dem 17. Jahrhundert, das heute als Rathaus dient, bannt ein Oldtimer den Blick. Es handelt sich um den Nachbau eines Ceirano 1903 aus der Werkstatt der Automobilpioniere Giovanni Battista, Giovanni und Matteo Ceirano. Die drei Brüder aus Cuneo riefen zwischen den Jahren 1895 und 1919 in Turin etwa zehn Automobilfirmen ins Leben, darunter auch jene, aus der letztlich die berühmte Firma Fiat hervorging.

STAUNEN UND SORGEN

Vorgänger und Nachfolger in Sachen Architektur entdeckt der Flaneur in Cuneo, das sich zwischen den beiden Flüssen Gesso und Stura ausbreitet, nur wenige Schritte von der zentralen Via Roma entfernt an der Piazza Virginio. An den Platz grenzt der mächtige Komplex der ehemaligen Abbazia San Francesco. Bei Bauarbeiten stieß man auf die Relikte ei-

HEUTE PULSIERT DAS GESCHÄFTSLEBEN VOR ALLEM IN DEN STEINERNEN LAUBENGÄNGEN.

Das Gassengeflecht in Mondovì vermag wieder und wieder zu bezaubern.

Die Piazza in der Altstadt von Mondovì wird am Sonntagnachmittag gerne mal für ein Tänzchen zu Akkordeonmusik genutzt.

nes zweiten Gotteshauses: Mehr als zehn Jahre dauerten die Freilegung und Restaurierung der Kirche unter der Kirche.

Vom Monumento alla Resistenza, das an den Widerstand der Bevölkerung zu Zeiten des Faschismus erinnert (Galimberti junior gilt als eine der herausragenden Persönlichkeiten), schweift der Blick hinab zu den Sportanlagen des Uferparks. Langläufer trainieren dort. „Studenten", schmunzelt ein älterer Herr, erzählt dann aber gleich, dass es vielleicht bald vorbei sei mit dem Hochschulleben in Cuneo. „Nachdem Fiat Turin verlassen hat, stehen dort viele Gebäude leer. So manche Fakultät und Außenstelle der Universität wird daher in die Metropole zurückverlegt." Auch andere kleine Universitätsstädte des Piemont seien von dieser Entwicklung betroffen, Mondovì etwa.

JENSEITS DER BESCHEIDENHEIT

Das gigantische Castello in Racconigi ist eine Welt für sich. Seine Anfänge liegen im 11. Jahrhundert. Von dem Haus Savoyen beauftragte Architekten prägten das Areal, darunter auch Guarino Guarini. Dem 170 Hektar großen Park – ursprünglich nach den streng geometrischen Plänen von André Le Nôtre, dem Gartenarchitekten von Versailles, angelegt – verlieh der Preuße Xavier Kürten die Gestalt, die er heute zeigt. Der Landschaftsarchitekt aus Brühl bei Bonn zeichnete übrigens auch verantwortlich für die Gartenanlage des königlichen Gutes in Pollenzo.

HARFENMUSIK

Victor Salvi kam als Sohn eines italienischen Harfenbauer in Chicago zur Welt. Unter Toscanini machte er als Harfenist des New York Philharmonic Orchestra Karriere. Dann ging er ins Land seiner Vorväter, um eigenhändig diese Zupfinstrumente zu bauen. Südlich von Saluzzo, in Piasco, sind nun einige von Salvis Harfen für immer zu Hause. „Ich dachte nie an eine Sammlung", sagte der Musiker bei der Eröffnung des nach ihm benannten Museo dell'Arpa. Einzig die Schönheit der Instrumente habe ihn betört.

Der Blick von der Torre Civico reicht über den Ort Mondovì und die Hügellandschaft hinweg bis zu den Alpen.

Das weitläufige Schloss von Racconigi entstand in mehreren Abschnitten als Residenz für die Fürsten von Carignano, einer Nebenlinie der Savoyer.

Das Maira-Tal bietet für Mountainbiker gute Bedingungen, lassen sich doch hier Fuß- und Wirtschaftswege fern des Autoverkehrs in teils recht wilder Natur befahren.

Mit Karte wandert es sich auf dem Okzitanischen Wanderweg bei San Martino Inferiore nur umso besser, …

… und zwischendurch fällt der erfreute Blick auf Pflanzen wie das Knabenkraut.

Special

Fremder Glaube

Zuflucht in den Tälern

„Paschero/Lou Paschier" steht auf dem Ortsschild im Maira-Tal. Zwei Namen für ein Dorf, der Letztere ist der okzitanische. Immer wieder finden sich im westlichen Piemont Hinweise auf den französischen Nachbarn hinter der Grenze – ebenso wie auf andere Fremde, die hier ihre Spuren hinterließen.

Wie in Torre Pelice. Die heute 4500 Seelen zählende Gemeinde war einst der Hauptort der drei historischen Waldensertäler Val Pellice, Val Chisone und Valle Germanasca. Seit dem Jahr 1989 hat das Centro Culturale Valdese in Torre Pelice seinen Sitz; eine private Stiftung, die auch ein Museum betreibt. Es ist das größte von rund zehn solcher Einrichtungen, die – wie einige Kirchen und kleinere Dörfer in der Region – von der Geschichte der im 12. Jahrhundert gegründeten Glaubensgemeinschaft kündet.

Centro Culturale Valdese in Torre Pelice.

Der Begriff Waldenser leitet sich von dem Buß- und Wanderprediger Petrus Valdes ab, der um das Jahr 1170 Lyon verließ und mit seinen Anhängern auch im Nordosten Frankreichs predigte. Da die Bewegung mit der römischen Amtskirche in Konflikt geriet, mussten ihre Mitglieder in unzugängliche Alpentäler fliehen. Die Auseinandersetzungen verstärkten sich noch zur Zeit der Gegenreformation. Einige ihrer Gemeinden gingen später in der protestantischen Kirche auf.

ALTE DÖRFER, NEUES LEBEN

Kurz hinter Stroppo treffen wir Giambattista Abello. Vor der einstigen Osteria di Piano bestellt der alte Signore seinen kleinen Kartoffelacker. Gern plaudert er über die Zeit seiner Kindheit, als man mit dem Muli drei Stunden nach Elva hinauf brauchte. Und über seinen Weggang aus dem Val Maira; als einen von vielen zog es ihn nach Turin, in die Fiat-Fabriken.

Inzwischen besinnen sich die Kinder und Enkel der Arbeitsemigranten auf ihre ländlichen Wurzeln und kehren in die Dörfer zurück. Auf dem Grund ihrer Ahnen versuchen sie einen wirtschaftlichen Neuanfang – mit einem kleinen Restaurant vielleicht, ein paar Gästezimmern, einem *alimentari* oder sogar, wie Paulo, mit einer Käserei. Paulo und Sylvia eröffneten ihr winziges Unternehmen in Cucchiales. Vor allem am Wochenende ist hier Hochbetrieb, Wanderer und Mountainbiker kommen vorbei. Manche bleiben auch im *posto tappa* (S. 22) in San Martino Inferiore, lassen sich von Maria mit einem Abendessen verwöhnen. Gemeinsam mit ihrem inzwischen verstorbenen Mann Andrea erweckte sie einst den Weiler zu neuem Leben: Das Paar ließ die Bauernhäuser renovieren und schuf mit dem Centro Culturale Borgate eine Verbindung zwischen Stadt und Land.

Die besten Einkaufsadressen

KERAMIK ODER KULINARIK?

Süß oder salzig, Milch oder Fleisch: Wer ins Piemont reist, bringt in der Regel als Souvenir etwas für den Gaumen mit. Aber auch für den Tisch lassen sich schöne Stücke finden – und für den Kopf: Der Borsalino ist ein ebenso geschmackvolles wie markantes Kleidungsstück.

6

❶ Eataly Torino Lingotto

In einer ehemaligen Wermut-Fabrik nahe dem Messe- und Kongresszentrum Lingotto eröffnete 2007 in Turin das erste Slow-Food-Kaufhaus weltweit. Seither hat sich die Angebotsfläche auf nun fast 2500 Quadratmeter mehr als verdoppelt. Im Sortiment sind handwerklich hergestellte Produkte ausgewählter italienischer Lieferanten; es gibt fast ein Dutzend thematisch orientierte Restaurants und Bars (Fisch, Fleisch, Pasta, Kaffee, Eis, Bier, Aperitivo usw.).

Via Ermanno Fenoglietti 14,
10126 Turin,
www.eataly.net
tgl. 9.00 – 23.00 Uhr

❷ Pasticceria Barbero

Bereits im Jahr 1881 gründete ein gewisser Marco Barbero, nachdem er sich als pasticciere hatte ausbilden lassen, seine eigene kleine confetteria und bot dort allerlei hausgemachte Gebäck- und Schokoladen-Spezialitäten an. Das historische Ladenlokal, dem einst sogar König Vittorio und Kronprinz Umberto die Ehre gaben, ist bis heute erhalten. Auch Signore Marcos berühmte Baci di Cherasco werden von seinen Nachfahren noch bis heute nach dem originalen Ursprungsrezept hergestellt: mit reiner Schokolade und den berühmten piemonteser Haselnüssen, handverlesen, geröstet und grob zerstoßen.

Via Vittorio Emanuele II 74,
12062 Cherasco
Tel: +39 0172 48 83 73
www.barberocioccolato.it
Mi geschl.

❸ Chicco di Grano

Grissini sind ein fester Bestandteil des kulinarischen Alltags im Piemont. Jeder Einheimische hat „seinen“ Bäcker, bei dem er die langen, fingerdünnen Hartweizenstäbchen kauft. Typisch für die Hauptstadt sind die *rubatà*, die handgedrehten beziehungsweise gezogenen Grissini. Chicco di Grano zählt zu den Könnern in dieser Disziplin. Neben den traditionellen Grissini gibt es hier Varianten. Grissini waren übrigens einst für einen kränkelnden Savoyerprinz „erfunden“ worden, der kein frisches Brot vertrug.

Corso Moncalieri 254,
10133 Turin, https://ilchiccodigrano2007.com
Mo. – Sa. 6.30 – 19.30 Uhr

❹ Torreneria Barbero

Stolz hat Davide der seit 1883 verbrieften Spezialität seiner Familie den Namen der Cioccolateria zugefügt und legt sich bei der Herstellung der *torrone* mächtig ins Zeug. So bietet er neben der traditionellen Variante des weißen Nougats auch drei Tafeln, die *tavolette di torrone* „Gran Cru“, an, darunter eine mit sizilianischen Mandeln und Zitronenhonig sowie eine zweite mit Pistazien, Orangenhonig und -zesten.

Via Angelo Brofferio 84,
14100 Asti,
Tel. 0141 59 40 04,
www.barberodavide.it

5 Giolito

Der kleine Laden in einer unspektakulären Straße von Bra bietet die größte Auswahl von Käse aus dem Piemont. Die Palette umfasst unter anderem den berühmten Castelmagno Bra, die Ziegenspezialitäten des Maira-Tals und den Diaulot aus der Region Cuneo sowie den von Slow Food ausgezeichneten Macagn (aus den Provinzen Biella und Vercelli). Ebenfalls erhältlich und mit „Presidio Slowfood" gelabelt ist der Montebore aus dem Borbera-Tal in der Provinz Alessandria. Bereits seit Anfang des 20. Jahrhunderts widmet sich die Familie Giolito der Käsekultur und lässt viele Produkte in ihrem eigenen Keller reifen.

Via Monte Grappa 6,
12042 Bra,
www.giolitocheese.it,
Mo.–Fr. 8.30–12.30 und 16.00–19.30, Sa. bis 19 Uhr, Verkostungen möglich

6 Borsalino Outlet

Alessandria ist die Heimat des typischen weichen Filzhuts, dessen erste Modelle bereits 1857 in einer kleinen Manufaktur der südpiemontesischen Stadt hergestellt wurden. Inzwischen schmückt der ursprüngliche Männerhut auch Frauenköpfe in subtiler Farbigkeit: Hortensia. Pfauenblau, Serniogrün … Die traditionsreiche Firma bietet in ihrem Factory Shop Modelle aus vergangenen wie aus der jeweils aktuellen Kollektion.

Via Gambalera 168,
15122 Spinetta Marengo,
www.borsalino.com/it/boutiques, Mo.–Fr. 9.00–13.00 und 14.00–18.00 Uhr

7 Ceramiche Besio

Il gallo, der Hahn, ist das berühmteste Motiv der typischen Keramik aus dem südpiemontesischen Städtchen Mondovì. Giovanni Rovea führt die historische Linie weiter. Sie umfasst farbenfrohe Blumendekors, Bordüren in einem dunklen Blau und Teller mit Wünschen für Alltag und Festlichkeiten. Überdies kreiert Signore Rovea auch eigene Stücke und arbeitet mit internationalen Künstlern für Unikate zusammen.

Ceramiche Besio 1842 di Rovea Giovanni,
Via Vecchia di Pianfei 2,
12084 Mondovì,
https://besio1842.it

8 Salumeria Ariano

Bereits im Jahr 1885 gegründet, ist die Salumeria im Herzen der Altstadt von Cuneo zwar vor allem berühmt für ihre fleischlichen Spezialitäten – von der Bresaola über das Carpaccio al Barolo bis hin zur Gänsesalami und dem Lammspeck. Zum Sortiment zählen aber auch marinierter Aal, Stockfisch und Fischterrinen wie jene vom Lachs und Zackenbarsch.

Via Pascal 2, 12100 Cuneo,
www.salumeriaariano.it

Maßstab 1:375.000
0
10km
Orbassano
NICHELINO
MONCALIERI
CHIERI
Piossasco
Cumiana
Volvera
Pinerolo
PINEROLO
Frossasco
Airasca
None
Vinovo
Carignano
Parco
CARMAGNOLA
Vigone
Pancalieri
Villastellone
Poirino
Perosa Argentina
Pinasca
Villar Perosa
Perrero
Prali
Val Troncea
Parco
Torre Pellice
Luserna S.Giovanni
Bibiana
Bricherasio
Cavour
Villafranca Piemonte
Racconigi
Sommariva del Bosco
Barge
Paesana
Crissolo
Ostana
Revello
Saluzzo
Savigliano
Cavallermaggiore
BRA
Cherasco
Bandito
Po
del
Parco Naturel Régional du Queyras
FRANCE
Mont Aiguillette
M.Viso
Pontechianale
Casteldelfino
Sampeyre
Venasca
Busca
Verzuolo
Manta
Villanovetta
Piasco
Costigliole Saluzzo
Fossano
Centallo
Villafalletto
Genola
Dronero
Caraglio
Bernezzo
Cervasca
CUNEO
Boves
Borgo S.Dalmazzo
Demonte
Vinadio
Bagni di Vinadio
Peveragno
Chiusa di Pesio
Mondovì
Trinità
Magliano Alpi
Roccavione
Robilante
Vernante
Limone Piemonte
Valdieri
Entracque
Terme di Valdieri
Isola 2000
Colle di Tenda
Parco Alta Valle Pesio e Tanaro
Parc National du Mercantour
Marittime
Parco d. Alpi Marittime
A l p i C o z i e
I T A L I A
A l p i M a r i t t i m e
FRANCE
1
2
3
4

GRÄFLICHES UND OKZITANISCHES ERBE

Typische Alpendörfer, spektakuläre Hochebenen und Städte wie Saluzzo, in denen feudale Macht und Eleganz bis heute ihre Spuren hinterließen, prägen die Westalpen. Der mittelalterliche Marktflecken Dronero oder die einstige Widerstandshochburg Cuneo haben einiges an Überraschungen zu bieten.

1 Cuneo

Sieben Belagerungen musste die 1198 auf einer keilförmigen Anhöhe (ital. *cuneo*, Keil) gegründete Provinzhauptstadt (56 000 Einw.) im Laufe ihrer Geschichte erdulden. Sie gilt als eine der Hochburgen des Widerstands gegen den Faschismus, liegt vor einer imposanten Alpenkulisse und besitzt kilometerlange Arkaden aus allen Epochen.

SEHENSWERT

Salon der Stadt und Link zwischen Alt und Neu ist die **Piazza Galimberti** (dienstags Markt). Der im 17. Jh. barockisierte Dom birgt ein Altargemälde von Andrea Pozzo. Von Dom und Piazza zieht sich die **Via Roma** mit ihren mittelalterlichen Laubengängen und vornehmen Palazzi als zentrale Ader durch das historische Herz Cuneos. An ihr stehen u. a. der Palazzo Audifreddi (mit Stadtbibliothek), das Rathaus und der Stadtturm (1317) sowie die barocke Kirche Sant'Ambrogio. Über die arkadengesäumte **Contrada Mondovì** gelangt man u. a. zur Synagoge und zum Teatro Toselli. Die Viale degli Angeli führt zur Wallfahrtskirche **Santuario degli Angeli** mit dem Grab der Galimberti-Familie und zum **Parco della Resistenza** (Park des Widerstandes) am Ufer des Gesso.

Seide & Kunst

Ein ungewöhnliches Beispiel früher piemontesischer Industriearchitektur ist die ehemalige Seidenspinnerei Filatoio Rosso (erbaut 1678). Die restaurierte, wie ein Schloss wirkende „Fabrik" beherbergt heute das **Museo del Setificio** (Seidenmuseum); der einstige Wohntrakt dient als Ausstellungsfläche u. a. für zeitgenössische Kunst.

Via Matteotti 40, Caraglio, www.filatoiocaraglio.it, derzeit nur Führungen nach Voranmeldung

Berghütte bei Stroppo im Maira-Tal. Die Droneresi mit Schokokern (oben rechts) liefern süße Energie auf den Percorsi Occitani.

MUSEEN

Im zweiten Stock des Palazzo Osasco erinnert das **Museo Casa Galimberti** an die gleichnamige Cuneser Familie, deren Sohn Tancredi („Duccio") zu einem der führenden Widerstandskämpfer wurde (Piazza Galimberti 6, Sa./So. 15.30, 17.00 Uhr, nur mit Führung, Anmeldung und Besuch Tel. 0171 44 48 01).
Das ehemalige Kloster San Francesco birgt die (kunst-)historischen und ethnografischen Sammlungen des **Stadtmuseums** (Museo Civico, Via Santa Maria 10, Di.–So. 15.30 – 18.30 Uhr).

HOTEL

Das in einem historischen Palazzo eingerichtete **€ € Hotel Royal Superga (**heute Best Western), das schon seit dem Jahr 1887 existiert, oszilliert zwischen Nostalgie und Moderne; erfreulich ist das gute Frühstück (Via Pascal 3, www.hotelroyalsuperga.it, 39 Zi.).

RESTAURANT

Nomen est omen bei der farbenfroh gestalteten **€ € Osteria Dei Colori** (Lungogesso Papa Giovanni XXIII 14, Mo. geschl.)

UMGEBUNG

Bereits im Parco Naturale Alpi Marittime (Naturpark Seealpen, 32 km südwestl. von Cuneo) liegt das Heilbad **Terme Reali di Valdieri.** In recht unberührter Landschaft erholt sich der Gestresste in den Thermalquellen auf 1370 m Höhe (www.termerealidivaldieri.it).

INFORMATION

A.T.L. Azienda Turistica Locale del Cuneese
Via Pascal, 7 (piazza ex Foro Boario),
Tel. 0171 69 02 17, www.visitcuneese.it

2 Dronero

Der Ort mit weitgehend intaktem historischem Stadtbild war einst großer Marktort und ist Tor zum **Maira-Tal** und mittelalterlicher Marktflecken (7000 Einw.) am Zusammenfluss der Maira und des Rio Roccabruna.

SEHENSWERT
Wahrzeichen des von Palazzi, Portici und stillen Gassen geprägten Ortes ist die **Ponte del Diavolo** (1428), deren Bögen sich hoch über die strudelnde Maira wölben. Am Flussufer arbeitet noch eine **Mühle** aus dem 15. Jh. (Via Molino 8, Tel. 0171 90 21 86, www.mulino-dellariviera.com, n. V.). Aus derselben Zeit datieren die später reich ausgestattete Kirche **SS Andrea e Ponzio** und die heute ebenfalls als Gotteshaus genutzte **Loggia del Grano** (Piazza San Sebastiano), einst Getreidehalle.

MUSEUM
Der okzitanischen Sprache, Geschichte und Kultur (u.a. Feste, Musik, Tanz) widmet sich das Zentrum **Espaci-Occitan** mit Museum und Bibliothek (Via Val Maira 19, www.espaci-occitan.org, Do./Fr. 10.00–12.00 und 15.00–18.00, Sa. 10.00–12.00 Uhr).

VERANSTALTUNG
Mit dem Bauernmarkt **Fiera degli Accuigai** (www.anciue.it, 1. Juniwochenende) erinnert Dronero an die alte Tradition der Sardellenhändler.

EINKAUFEN
Käsefans finden im Verkaufsladen **La Bottega del Gusto** (Via Roma 46, https://formaggeria-la-bottega-del-gusto.business.site) nicht nur den ausgezeichneten Castelmagno aus dem Val Grana, sondern auch andere lokale Produkte wie Weine, Biere, Grappa, Honig und Früchte im Glas (Champignons, Haselnüsse, Kastanien). Und spätestens in der Via Roma 2, in der **Pasticcheria Brignone** (www.pasticceriabrignone.com) erliegen Süßmäuler den wunderbaren piemontesischen *dolci:* von den Droneresi, kleinen Meringue-Kugeln mit Schoko-Rum-Kern oder in den Varianten Nougat, Nuss, über die Torta Amara mit Nüssen und Mandeln bis hin zu den Cupete, zwei Oblaten mit von Honig überzogenen Nüssen.

Tipp

Sommer in der Stadt

Jazz-Klänge und Theateraufführungen auf dem Gelände einer ehemaligen Kaserne, Open-Air-Kino auf diversen Plätzen, kulinarische Spaziergänge unter dem Sternen-Zelt, Aperitif-Konzerte am Aufgang zum Castello, spielerische Kunsterlebnisse für Groß und Klein: Über die ganze Stadt verteilen sich die Events des Sommerprogramms Saluzzo Estate (Juli/Aug.)

https://fondazionebertoni.it,
https://comune.saluzzo.cn.it/?s=eventi

UMGEBUNG
I ciciu nennen die Einheimischen die pilzförmigen Felsen im Naturschutzgebiet rund um **Villar San Costanzo** (3 km nordöstl.). Im Ort selbst steht die romanische Abbazia di Villar mit Barockfassade, gotischem Campanile und Fresken aus dem 15. Jh. Auf dem neogotischen Castello di Roccolo in den Hügeln von **Busca** (12 km nordöstl.) war Königin Margherita, die Frau von König Umberto, häufig zu Gast. Es hat seinen Namen von einem in der Umgebung typischen Gerät zum Vogelfang. Atemberaubende Gipfelpanoramen und Wanderwege bieten in der Nähe die **drei Täler** **TOPZIEL** – **Valle Varaita**, **Val Grana** (Heimat des legendären Käses Castelmagno) und **Valle Maira.** In Letzterem sind das Santuario S. Maria in Morinesio (Stroppo; Ursprg. ca. 1700) und der kleine Stausee an der Elva-Quelle einen Besuch wert. Das Campo Base ist Ausgangspunkt für Hochtouren auch per Ski und Bike. Europas höchstgelegene Wallfahrtskirche, das **Santuario di Sant'Anna di Vinadio** (2025 m; ab 15. Jh.), befindet sich zu Füßen des Colle de Lombardo und ist nur im Sommer zu erreichen (53 km südwestl.).

INFORMATION
Uffico Turismo, Piazza XX Settembre 3, Tel. 379 1 78 94 27, www.vallemaira.org, http://turismo.comune.dronero.cn.it

3 Saluzzo

Vor der Kulisse des Monte Viso staffelt sich an einem Hügel malerisch die einstige Hauptstadt der historischen Grafschaft Saluzzo (17 000 Einw.) mit ihrer mittelalterlichen Burg und markanten Kirchtürmen. Die stille Oberstadt erwacht seit geraumer Zeit zu neuem Leben; in der Unterstadt konzentriert sich der Alltag.

Der Flügelaltar in der Abteikirche von Staffarda (li.). Zinnen zieren den Ponte del Diavolo in Dronero.

SEHENSWERT
Mit seinem dreischiffigen Baukörper aus Backstein prägt der **Dom Maria Vergine Assunta** (15. Jh.) die Unterstadt. Vom teils verkehrsberuhigten **Corso Italia** mit seinen Laubengängen, Ruhebänken und noblen Palazzi geht es durch die **Porta di Santa Maria** über steile Treppengassen hinauf in die Oberstadt. Hier wird an vielen Ecken kräftig renoviert, historische Fassaden erstrahlen in neuem Glanz. Besonders eindrucksvoll zeigen sich die mit Fresken und Terrakotta-Ornamenten verzierten Bauten an der zum Burgplatz hinaufführenden **Salita al Castello,** darunter der ehemalige Palazzo Comunale mit dem fast 50 m hohen Torre Civico. Die **Klosterkirche San Giovanni** (um 1330) wurde bei einem Umbau sogar in ihrer Ausrichtung gedreht; seither zeigt die Apsis nach Nordosten statt wie bei Kirchenbauten üblich nach Osten.

MUSEUM
Fresken von Hans Clemer sowie eine Madonna von seiner Hand zählen zu der Sammlung von Kunstwerken des 16. Jh.s im **Museo Casa Cavassa** (Via San Giovanni 5, https://comune.saluzzo.cn.it/monumento/casa-cavassa-10, März bis Okt. Di., Do.–Sa. 10.00–13.00 und 14.00 bis 18.00, So./Fei. 10.00–13.00 und 14.00–19.00 Uhr).

HOTEL
Im einstigen Zisterzienserkloster Saluzzos entstanden unter Wahrung der historischen Schätze die 13 Gästezimmer des luxuriösen **€ € € € Hotel San Giovanni** (Via San Giovanni 9/A, www.sangiovanniresort.it).

RESTAURANT
In luftigem Ambiente bietet die **€ € Osteria dei Desideri** (Via Torino 55, Tel. 0175 21 88 72, www.osteriadeidesideri.it) einfache Regionalkost wie Rinder-Tartar, Speck, Ravioli, Kaninchen und *bonet* (piemont. Pudding) zum Dessert.

UMGEBUNG
Die von Manfredo I. del Vasto, dem ersten Markgrafen von Saluzzo, gegründete **Abtei Staffarda** (9 km nördl.) zählt zu den wichtigsten romanischen Baudenkmälern des Piemont (www.ordinemauriziano.it/, Di.–So. 9.00–12.30, 13.30–18.00 Uhr). Vor allem berühmt für seine gotischen Fresken im Festsaal ist das **Castello**

della Manta (4 km südl.). Seit dem 15. Jh. erhielt die einstige mittelalterliche Burg dank derer von Manta ihre heutige Gestalt (FAI; www.visitfai.it, Mi.–So. 10.00–17.00/18.00/19.00 Uhr). Einzigartig ist das Museo dell'Arpa Victor Salvi in **Piasco** (10 km südl.; Via Rossana 7, www.museodellarpavictorsalvi.i, Mo., Di., Do., So. geöffnet, telefonische Reservierung erforderlich: Tel. 0175 27 05 10): Der Bau von Harfen und anderen Musikinstrumenten hat eine lange Tradition in dem Kunsttischlerort. Anlage und Bauten lassen in **Savigliano** (14 km östl.) die städtischen Strukturen aus der Zeit des Barock und der Renaissance ablesen. Sogar die Küche ist noch erhalten im riesigen Komplex des **Castello di Racconigi** (24 km nordöstl.).

INFORMATION
Ufficio Turistico,
Piazza Buttini 1, Tel. 0175 4 67 10,
https://visitsaluzzo.it

4 Mondovì

Unter dem Namen Monte di Vico 1198 als Borgo franco gegen Asti gegründet und seit dem 19. Jh. bekannt für seine Keramik, besteht Mondovì (22 000 Einw.) heute aus der historischen Ober- und einer jüngeren Unterstadt.

SEHENSWERT
Im Talviertel **Breo** kündet über der Barockfassade der Kirche **SS Pietro e Paolo** der kuriose „Moro", ein Glockenspiel, vom Ablauf der Stunden. Die Figur des Mohren spielt eine zentrale Rolle im Karneval der Region. Mit der Seilbahn geht es hinauf nach **Piazza,** wo tatsächlich alle Sträßchen auf die Piazza Maggiore zulaufen. Der Platz selbst ist gesäumt von mittelalterlichen Palazzi und der Jesuitenkirche **Chiesa della Missione** (17. Jh.) mit Fresken von Andrea Pozzo. Ebenfalls in der Oberstadt: der **Dom S. Donato** (18. Jh.) und der **Belvedere-Garten** mit schönem Panoramablick.

MUSEUM
Im Palazzo Fauzone an der Piazza Maggiore hat das **Museo della Ceramica Vecchia** (www.museoceramicamondovi.it, Fr./Sa. 15.00 bis 18.00, So. 10.00–18.00, Sommer bis 19.00 Uhr) seine Räumlichkeiten und zeigt Keramiken aus mehreren Jahrhunderten.

UMGEBUNG
Als größte elliptische Kuppel der Welt gilt mit 35 m Durchmesser jene des barocken Marienheiligtums von **Vicoforte** (8 km südl.). Die **Grotta di Bossea** TOPZIEL, eine Tropfsteinhöhle bei Frabosa (27 km südl.; www.grottadibossea.com, vorherige Reservierung erforderlich: Tel. 348 7 35 62 50), ist im Rahmen einer Führung zu begehen.

INFORMATION
Ufficio Turistico IAT,
Piazza Maggiore 1, Tel. 0174 330 358,
https://turismo.comune.mondovi.cn.it

WANDERUNG ZU DEN FRESKEN

Percorsi Occitani heißen die Wanderwege im Maira-Tal. Häufig sind sie Teil der GTA, der Grande Traversata delle Alpi. Einer der schönsten Abschnitte führt von San Martino hinauf in die Gemeinde Elva, die für die Fresken ihrer Pfarrkirche berühmt ist.

Eindrucksvoll liegt San Martino auf einer Felsnase gut 1400 m über dem Tal. Wer sich mit dem Auto von Stroppo, Macra oder Dronero zu den Steindächern und der Kirchturmnadel heraufgeschraubt hat, findet im Oberdorf einen Parkplatz – und ein paar Meter weiter am linken Straßenrand den gelb markierten Einstieg zur Tour. Steil quert der Pfad nun mehrfach das Serpentinensträßchen; rasch gewinnen wir an Höhe. Nahezu an jeder Kehre bietet sich ein wunderbares Panorama: mal hinüber auf das Dorf Cucchiales und die darüber thronende Wallfahrtskirche, mal auf die Bergriesen der Cottischen Alpen, deren Spitzen oft im Mai oder sogar Ende Juni noch mit frischem Schnee bepudert sind.

Der flämische Künstler Hans Clemer malte die großartigen Fresken im Auftrag des Herzogs von Saluzzo. Als „Meister von Elva" gelangte er zu Ruhm.

An den Hängen entdecken wir eine einzigartige Pflanzenfülle. Kerbel blüht, Butterblumen tupfen die Wiesen, Orchideen und Enzian. Am Colle Bettone stehen wir auf rund 1800 m Höhe. Durch ein Waldstück geht es zu einer Wiesenkapelle und dahinter bergab in die Senke von Elva. Dort kann man die Fresken (1490) des Flamen Hans Clemer in der Kirche S. Maria Assunta bestaunen.

Wanderung: ca. 2,5 Std. Dauer, stets gut sichtbare Markierung (sonnengelber Balken).
Planung: Einkehrmöglichkeiten nach zwei Dritteln des Wegs bei Arianna und Jacopo im La Sousto dal Col (www.lasousto.it) sowie in Elva oder auf dem Rückweg in San Martino Inferiore: www.borgata-sanmartino.eu (s. Unsere Favoriten, S. 22, Übernachtung). Die Kirche ist immer geöffnet, aber wenn sie geschlossen ist, stellt Locanda Occitana die Schlüssel Interessenten zur Verfügung.

Mit einem Lächeln sieht die Welt gleich viel freundlicher aus: im Café wie in der Gelateria.

HILFREICH & NÜTZLICH

Praktische Informationen für die Reise und einiges Wissenswerte über das Piemont und Turin haben wir hier für Sie zusammengestellt.

Auskunft

Im Internet
www.regione.piemonte.it, www.piemonteitalia.eu
www.enit.it, www.italia.it

In Deutschland
Italienische Zentrale für Tourismus (ENIT):
Schaumainkai 87
D-60596 Frankfurt/M.
frankfurt@enit.it

In Österreich
Mariahilfer Straße 1b/Top XVI, A-1060 Wien,
vienna@enit.it

In der Schweiz
Tödistrasse 65, CH-8002 Zürich, zurigo@enit.it

Info

Daten & Fakten

Landschaft: Naturgeografisch lässt sich die Region „am Fuß des Berges" (Piemonte) in drei Zonen einteilen: die Alpen im Osten und Norden mit den okzitanischen Tälern, dem Val di Susa, den drei Valli di Lanzo, dem Valle dell'Orco, sowie dem Aostatal und dem Valsesia sowie dem klimatisch fast mediterranen Gebiet rund um das Westufer des Lago Maggiore. Daran schließt sich die fruchtbare Poebene mit den großen Städten an, um Vercelli prägen auch Reisfelder die Landschaft. Im Südosten erstrecken sich Monferrat, Langhe und Roero, die Weinanbaugebiete.
Berge: Monte Rosa (4618 m), Gran Paradiso (4061 m), Monte Viso (3841 m); Hügel des Monferrat, der Langhe und des Roero (150 – 750 m)
Einwohner/Fläche: Das Piemont hat rund 4,3 Mio. Einwohner und umfasst eine Fläche von 25 399 km².
Verwaltung: Die Region gliedert sich in acht Provinzen: Turin (Hauptstadt 871 000 Einw.), Novara (Hauptstadt 104 000 Einw.), Alessandria (Hauptstadt 94 000 Einw.), Asti (Hauptstadt 75 000 Einw.), Cuneo (Hauptstadt 56 000 Einw.), Vercelli (Hauptstadt 47 000 Einw.), Biella (Hauptstadt 44 000 Einw.), Verbano-Cusio-Ossola (Hauptstadt Verbania 31 000 Einw.).
Sprache: Hauptsprache ist Italienisch; das autonome Aostatal ist offiziell zweisprachig (Italienisch, Französisch). In den Alpentälern hört man vereinzelt Okzitanisch und Frankoprovenzalisch, immer seltener wird Walserdeutsch gesprochen. Knapp über 2 Mio. Menschen sprechen noch das seit 1981 vom Europarat als Minderheitensprache anerkannte Piemontesisch.
Wirtschaft: Einige der wichtigsten italienischen Unternehmen hatten und haben im Piemont ihren Sitz. Unaufhaltsam ist der Niedergang als Automobilstandort (FIAT, Lancia). Wirtschaftlich bedeutsam sind u.a. der Nahrungsmittelhersteller Ferrero in Alba und das Elektronikunternehmen Olivetti in Ivrea. Neben moderner Industrie und Dienstleistung ist auch die Landwirtschaft von Bedeutung: In der Poebene wird neben Reis Obst und Gemüse angebaut; in den Hügeln des Südens Wein und Haselnüsse. Im Aostatal spielt die Rinderzucht eine zentrale Rolle. Zunehmend etabliert sich der Genuss-Tourismus, der allerdings zuletzt in der Corona-Krise starke Einbußen hinnehmen musste.

Essen & Trinken

Mehr noch als in anderen Regionen Italiens scheint sich im Piemont alles um den Genuss zu drehen, zum Essen gehört z. B. der *aperitivo* dazu. Die piemontesische Küche gilt unter Feinschmeckern als etwas ganz Besonderes; sie ist oft deftig, ohne derb zu sein, bäuerlich, aber mitunter auch raffiniert und spiegelt die Geografie der Region wie ihre Geschichte.
Zu den berühmtesten kulinarischen Botschaftern des Piemont zählen sicher *risotto, carne cruda* (eine Art Tartar von der Rinderrasse Fassone) sowie die beiden mit reichlich Eiern im Teig hergestellten Pasta-Sorten *agnolotti del plin* (winzige, „zusammengekniffene" Teigtaschen, gefüllt mit Fleisch und Gemüse) und *tajarin* (feine, von Hand geschnittene „Fäden", mit dicken Saucen oder nur mit Butter und Salbei bzw. Trüffeln serviert).
Das auf einem mittelalterlichen Rezept basierende Innereien-Ragout *finanziera* ist zu einer eher raren Spezialität geworden; ganz im Gegensatz zur *bagna cauda*, einem warmen Dip aus Olivenöl, Sardellen und Knoblauch für rohes Gemüse.
Allgegenwärtig sind die *grissini* und die köstlichen piemontesischen Käse.
Bekanntestes Dessert ist der wie eine *crème caramel* zubereitete *bonèt* (oder *bunet*), ursprünglich wurde er ohne Kakao/Schokolade hergestellt, dafür aber mit Kräuterlikör (statt dem inzwischen gängigen Rum). Ein *alta langa*

Ganz geschützt in einer Bucht des Lago Maggiore liegt Feriolo, mit Jachthafen und Promenade.

spumante rosato könnte ebenso gut zu diesem traditionellen „Pudding" passen wie ein *monferrato chiaretto*.

Feiertage

1. Januar: Capodanno (Neujahr)
6. Januar: Epifania (Heilige Drei Könige)
Ostermontag
25. April: Liberazione Italia (Tag der Befreiung Italiens 1945)
1. Mai: Festa del Lavoro (Tag der Arbeit)
2. Juni: Festa della Repubblica Italia (Nationalfeiertag)
15. August: Ferragosto (Mariä Himmelfahrt)
1. November: Ognissanti (Allerheiligen)
8. Dezember: Immacolata Concezione (Mariä Empfängnis)
25. Dezember: Natale (Weihnachten)
26. Dezember: Santo Stefano (Weihnachten, Tag des hl. Stefan)

Feste

Januar: Fiera di Sant'Orso (Kunsthandwerksmesse) in Aosta
Februar/März: Karneval, Veranstaltungen und Umzüge u. a. in Ivrea (Orangenschlacht), Saluzzo und im Aostatal (Verrès)
April: Tulpenwoche in Verbania
Mai: Buchmesse in Turin, Antiquitätenmesse in Saluzzo, Kuh- und Ziegenkämpfe *(batailles des chèvres)* im Aostatal, Fiere Medievali (Mittelaltermesse) in Pavone Canavese, Spargelfest (Sagra dell' Asparago, Santena)
Juni: Erdbeerfest Sagra della Fragola (Peveragno), Beginn der Musikfestivals am Lago Maggiore (bis Sept.)
Juli: Collisioni – Internationales Open-Air-Musik- und Literatur-Festival in Barolo
August: Haselnussfest z. B. in Cortemilia (Sagra della Nocciola), Mangialonga (4 km langer önogastronomischer Spaziergang) durch die Rebhügel von La Morra, Sagra del fritto misto alla Piemontese (Festival der piemontesischen gemischten frittierten Speisen in Montaldo di Cerrina Monferrato)
September: Palio und Festival delle Sagre (ein gastronomisches Fest) in Asti, Weinfeste: z. B. Douja d'Or in Asti, Festa di Barolo, „Festa del Moscato d'Asti e dell' Asti" in Santo Stefano Belbo sowie die Festa del Vino in Alba; Paprikafest (Fiera Nazionale del peperone, Carmagnola), Kastanien- und Herbstfest (Castagnata)
Oktober: Esels-Palio (Palio degli Asini) in Alba, Fiera Nazionale del Tartufo (Internationale Weisstrüffelmesse, bis Mitte Nov.) in Alba (begleitet wird diese Messe von ausgiebigen Weinproben und „Showkochen"), Salone del Gusto in Turin (internationale Gastronomieausstellung, die in geraden Jahren stattfindet), Kuhkämpfe *(batailles des reines)* im Aostatal
November: Trüffelmärkte z. B. in Alba und Moncalvo
Dezember: „Presepe vivente" (Lebende Weihnachtskrippen) in Dogliani, schöne Weihnachtsmärkte gibt es in Turin, Ornavasso und Santa Maria Maggiore im Vigezzo-Tal.

Geld und Kreditkarten

Es gibt ein dichtes Netz an Geldautomaten *(bancomat)*. Kreditkarten werden in fast allen Hotels, Restaurants und Geschäften akzeptiert. Sperrnotruf bei Verlust der Bank- bzw. Kreditkarte: Tel. +49 116 116 (außerh. Deutschlands gebührenpflichtig) bzw. www.sperr-notruf.de.

Notruf

Notarzt, Polizei, Rettungswagen 112 (europäische Notfallnummer)
Feuerwehr *(vigili del fuoco)* 115
Medizin. Notdienst *(pronto soccorso)* 118
Pannenhilfe (ACI; ital.) 80 31 16

Reisezeit

Beste Reisezeit ist das Frühjahr (Mai/Juni) oder der Herbst, wenn die Weinlese beginnt und dann bald auch die Trüffelzeit. Zudem feiern die Piemontesen im September/Oktober viele Feste. Im Sommer kann es aufgrund des typischen Kontinentalklimas recht heiß werden (28 °C). Für Wanderungen oder Mountainbiketouren eignen sich ebenfalls die gemäßigten

Info

Geschichte

bis 6. Jh.: Ligurer, Kelten und Etrusker bevölkern das Piemont.
191 v. Chr.: Oberitalien wird zur römischen Provinz Gallia Cisalpina.
1. Jh. n. Chr.: Zur Sicherung ihrer Straßen über die Alpen gründen die Römer u. a. ihre Militärlager Hasta (Asti), Segusum (Susa), Augusta Taurinorum (Turin) und Aquae Statiellae (Acqui Terme).
10. Jh.: Gründung der Mark Ivrea
11. Jh.: Der Savoyer Umberto Biancamano wird Graf des Aostatals.
1176: Kaiser Friedrich I. Barbarossa scheitert bei der Belagerung Alessandrias und unterliegt dem lombardischen Heer bei Legnano.
1416: Grafschaft Savoyen wird Herzogtum.
1563: Turin wird Hauptstadt des Herzogtums Savoyen.
1718: Piemont wird mit Sardinien vereinigt und zum Königreich.
1800: Napoleon besetzt das Piemont.
Mitte 19. Jh.: Aufstände in ganz Italien gegen die Vorherrschaft Österreichs. König Carlo Alberto von Piemont dankt ab; sein Nachfolger Vittorio Emanuele treibt mit Camillo Benso Graf von Cavour die italienische Einheit voran; Letzterer wird erster Ministerpräsident des geeinten Landes.
1861: Vittorio Emanuele II. wird zum König von Italien gekrönt; Turin wird erste Hauptstadt des geeinten Italien (bis 1865).
1899: Gründung des Automobilwerks Fiat in Turin.
1929: Erste Trüffelmesse in Alba.
1946: Italien wird Republik, das Recht des Hauses Savoyen erlischt.
1969: Arbeiter- und Studentenaufstände im „heißen Herbst" auch in Turin
1970: Das Piemont wird zu einer eigenständigen Region.
1994: Hochwasserkatastrophe in Oberitalien; auch das Piemont erleidet schwere Schäden.
2006: Turin und Susatal sind Austragungsorte der XX. Olympischen Winterspiele.
2014: Das Turiner Traditionsunternehmen Fabbrica Italiana Automobili Torino (FIAT) fusioniert mit dem US-amerikanischen Automobilhersteller Chrysler zur FCA.
2019: Nach langem Streit gibt Italiens Regierung grünes Licht für den Weiterbau der Trasse des Hochgeschwindigkeitszuges zwischen Turin und Lyon (Fertigstellung für 2032 geplant).
2020: Die Region Piemont wird 50 Jahre alt. Die Corona-Krise trifft Norditalien sehr hart.
2021: Fiat Chrysler Automobiles (FCA) und die französische PSA-Gruppe (PSA) fusionieren zur Stellantis N. V.
2022/2023: Das Piemont ruft den Dürrenotstand aus. Der Wasserpegel des Lago Maggiore ist auch im Frühjahr 2023 deutlich geringer als zu dieser Jahreszeit üblich.

Info

Wetterdaten

Turin	TAGES-TEMP. MAX.	TAGES-TEMP. MIN.	TAGE MIT NIEDER-SCHLAG	SONNEN-STUNDEN PRO TAG
Januar	4°	-3°	5	3
Februar	7°	-1°	4	4
März	13°	4°	6	5
April	18°	8°	8	6
Mai	22°	12°	11	7
Juni	28°	16°	6	7
Juli	30°	19°	6	8
August	29°	18°	5	7
September	24°	14°	6	6
Oktober	17°	9°	6	4
November	10°	4°	6	3
Dezember	5°	0°	6	2

Monate; im Hochgebirge kann allerdings bis in den Mai und ab Oktober Schnee liegen. Im Seengebiet indes sind Frühjahr und Herbst meist deutlich milder.

Restaurants

Neben dem *ristorante* (Restaurant) bieten sich *trattorie* (Trattorien) und *osterie* (Osterien) zum Essengehen an. Das Mittag- wie das Abendessen (kaum vor 19.30 Uhr) besteht aus *antipasto, primo piatti* (Suppe, Pasta, Reis) und *secondo piatto* (Fleisch, Fisch). Ein Dessert und Espresso beschließen das Mahl.
Empfohlene Adressen siehe Infoseiten der vorangegangenen Kapitel.

Preiskategorien

€ € € €	Hauptspeisen	über 40 €
€ € €	Hauptspeisen	20 – 40 €
€ €	Hauptspeisen	10 – 20 €
€	Hauptspeisen	5 – 10 €

Souvenirs

Wein, Käse, Haselnüsse *(tonda gentile)* und Nussprodukte *(torrone, crema di nocciola, gianduja, gianduiotti)* oder die lokalen Süßigkeiten lässt sich wohl kein Süßmäulchen als Mitbringsel entgehen.

Telefon

Vorwahl von Deutschland, Österreich und der **Schweiz nach Italien:** +39; aus Italien nach **Deutschland:** +49, **nach Österreich:** +43, **in die Schweiz:** +41. In Italien sind die Ortsvorwahlen fester Bestandteil der Festnetznummern. Bei Anrufen, auch aus dem Ausland, muss daher immer die Vorwahl einschließlich der 0 mitgewählt werden.
Dagegen haben die Mobilfunknummern keine vorangestellte 0. Man erkennt diese in Italien an den dreistelligen Vorwahlen, die stets mit einer 3 beginnen.

Übernachten

Vom Bauernhof (Agriturismo) bis zum Luxushotel reicht die Palette der Unterkünfte, in den Weinregionen gibt es viele Ferienwohnungen. Empfohlene Adressen siehe Infoseiten der vorangegangenen Kapitel.

Preiskategorien

€ € € €	Doppelzimmer	über 200 €
€ € €	Doppelzimmer	150 – 200 €
€ €	Doppelzimmer	100 – 150 €
€	Doppelzimmer	50 – 100 €

Zoll

Im privaten Reiseverkehr der EU dürfen Waren zum eigenen Gebrauch unbegrenzt mitgeführt werden. Es gelten die allgemeinen EU-Bestimmungen (www.zoll.de).

Winterfreuden vor grandiosem Montblanc-Panorama: Im Aostatal kommen Skifahrer jeglichen Niveaus auf ihre Kosten.

REGISTER

Fette Ziffern verweisen auf Abbildungen

Impressum

4. Auflage 2023

Verlag: DuMont Reiseverlag, Postfach 3151, 73751 Ostfildern, Tel. 0711/4502-0, Fax 0711/4502-135, www.dumontreise.de
Geschäftsführer(in): Dr. Stephanie Mair-Huydts, Markus Schneider
Programmleitung: Andrea Wurth
Redaktion und Aktualisierung: Achim Bourmer
Text: Rita Henss
Exklusiv-Fotografie: Markus Kirchgessner
Titelbild: Huber Images/Marco Arduino
Zusätzliches Bildmaterial: 3 u. Anja Jahn; 6 u. mauritius/Elio Villa; 7 u. huber/Ben Pipe; 8/9 huber/Cenadelli Davide; 14/15 mauritius/AGF/Simone de Lorenzo; 22 li. Residenza dell'Opera, http://residenzadellopera.com; 22 re. Centro Culturale Borgata, www.borgata-sanmartino.eu, © E. Hammes; 41 mauritius/Alamy/DEA PICTURE LIBRARY; 48 li. picture alliance/Pacific Press Agency/Nicolò Campo; 48 re. mauritius/MARKA/Alamy; 49 o. li. lookphotos/Ingolf Pompe; 49 o. re., 49 u. re. mauritius/ClickAlps/Dario Bonetto; 53 huber/Flavio Vallenari; 65 o. re. huber/Gabriele Croppi; 67 o. re., 67 u. re. DuMont Bildarchiv/Rainer Kiedrowski; 69 li. picture alliance/Orlando Salmeri; 69 re. picture alliance/Photoshot; 97 u. re. mauritius/MARKA/Alamy; 100 o. li. DuMont Bildarchiv/Rainer Kiedrowski; 110 li. picture alliance/ROPI; 111 o. li. mauritius/Dino Fracchia/Alamy; 111 o. re. laif/Markus Kirchgessner; 111 M. li. Torreneria Barbero, Asti, www.barberodavide.it, © VinicioFerri; 110 o., 111 u. re. Ceramiche Besio 1842 di Rovea Giovanni, www.besio1842.it; 111 u. li. Shutterstock; 120 o. mauritius/ Alamy/Alessandro Cristiano, 121 o. Ernst Wrba
Textquellen: Alain de Botton, Kunst des Reisens, Frankfurt 2003, S. 234 (hier S. 29)
Grafische Konzeption, Art Direktion: fpm factor product münchen
Layout und Cover-Gestaltung: CYCLUS · Visuelle Kommunikation, Stuttgart
Kartografie: © MAIRDUMONT GmbH & Co. KG, Ostfildern
Kartografie Lawall (Karten für „Unsere Favoriten")
DuMont Bildarchiv: Marco-Polo-Straße 1, 73760 Ostfildern, Tel. 0711/4502-0, bildarchiv@mairdumont.com

Für die Richtigkeit der in diesem DuMont Bildatlas angegebenen Daten – Adressen, Öffnungszeiten, Telefonnummern usw. – kann der Verlag keine Garantie übernehmen. Nachdruck, auch auszugsweise, nur mit vorheriger Genehmigung des Verlages. Erscheinungsweise: vierteljährlich.

Anzeigenvermarktung: MAIRDUMONT MEDIA, Tel. 0711/4502-0, Fax 0711/4502-1012, media@mairdumont.com, http://media.mairdumont.com
Vertrieb Zeitschriftenhandel: PARTNER Medienservices GmbH, Postfach 810420, 70521 Stuttgart, Tel. 0711/7252-212, Fax 0711/7252-320
Vertrieb Abonnement: Leserservice DuMont Bildatlas, Zenit Pressevertrieb GmbH, Postfach 810640, 70523 Stuttgart, Tel. 0711/7252-265, Fax 0711/7252-333, dumontreise@zenit-presse.de
Vertrieb Buchhandel und Einzelhefte: MAIRDUMONT GmbH & Co KG, Marco-Polo-Straße 1, 73760 Ostfildern, Tel. 0711/4502-0, Fax 0711/4502-340
Reproduktionen: PPP Pre Print Partner GmbH & Co. KG, Köln
Printed in Germany

Urlaub erinnern ...

Wenn jemand eine Reise tut, dann kann er was erzählen. Und nicht nur das: Er nimmt auch etwas mit. Erinnerungen an die schönste Zeit im Leben.

FREUNDLICH, RUND, KÖSTLICH

Erstmals genoss ich sie in den Gianduotti Turins. Später begegnete ich der tonda gentile dann auch als Creme, im Pesto – und als Protagonistin der torta di nocciola: 200 g der „freundlichen runden" Haselnuss aus dem Langhe rösten und hacken. 4 Eigelb mit 200 g Zucker aufschlagen, Nüsse und die 4 zu Schnee geschlagenen Eiklar unterheben. In einer gebutterten, bemehlten Form bei 180 °C etwa 35 Min. backen.

INSELGLÜCK

Drei Anläufe brauchte es, bis weder Wind noch Regen die Wellen des Lago Maggiore peitschten und wir endlich anlegen konnten am Saum der Isola Madre. Welch botanische Vielfalt, welch herrliches Zusammenspiel von Architektur und Natur belohnte unsere Geduld: seltene Gewächse, weiße Pfauen, ein herrliches Uferpanorama – unvergesslich!

WEITBLICK

Unvergesslich ist mir der weit über die Kulisse der Cottischen Alpen reichende morgendliche Blick direkt aus meinem Bett durch die Holstäbe des Balkons in einem alten Dorfhaus im Mairatal.

SPRITZIGES WISSEN

Man lernt doch nie aus: Asti Spumante, so erfuhr ich in Canelli, hat einen sogar in der Sterne-Gastronomie geschätzten Bruder: den Moscato d'Asti. Er bezaubert den Gaumen mit feinsten Perlen, intensiverer Süße und noch facettenreicheren Muskataromen. Zudem liegt sein Alkoholgehalt nur um die fünf Prozent. Aber man sollte ihn unbedingt frisch trinken!

EIN BOGART FÜRS HAUPT

Schwungvoll lockte der Schriftzug an einer Ecke des Corso Roma in Alessandria: Borsalino. Antica Casa. Tatsächlich scheint in dem eleganten Laden die Zeit stehengeblieben. Bis auf den Leuchter in sattem Pink und einigen Farbtupfern, die aus den Hutregalen leuchteten. Ich probierte Rosenholz, Lavendelblau und Mohnrot. Es siegte jedoch Jorasse: ein Steinton zwischen Sand und Kitt. Bogart heißt das Modell ...

»WER HÖRT UND SCHWEIGT, KANN ÜBERALL AUF DER WELT DEN FRIEDEN GENIESSEN.«

Piemontesisches Sprichwort

KINO-GESCHICHTE(N)

Turins Mole Antonella ist nicht nur baulich ein Superlativ! Wo kann man schon Filmklassiker schauen, die in der Umgebung der piemontesischen Hauptstadt spielen, mit den Füßen Musik wahrnehmen oder sogar selbst auf einer Leinwand agieren? Das Museo Nazionale del Cinema lockt immer wieder aufs Neue.

RAST FÜR DIE SEELE

Als Barde der Demokratie ging Felice Cavallotti in Italiens Geschichte ein; in seiner Wahlheimat Dagnete blieben von dem 1898 in einem Duell getöteten Juristen, Autor und Politiker eine Route mit Fakten und Versen.

FRUCHTIGER KARNEVAL

Mit rot bedecktem Kopf seid ihr sicher, erklärten uns einheimische Bekannte. Also Mütze *in rosso* auf und mitten hinein in die Orangen-Schlacht, mit der Ivrea alljährlich zu Karneval an den Aufstand des Volkes gegen grausame mittelalterliche Feudalherren ebenso erinnert wie an die Revolutionäre, die sich einst gegen Napoleons Italienfeldzug erhoben.

MIT PAVESE ERINNERN

Beim Lesen der Schriften von Cesare Pavese lebt ein Stückchen Piemont auch in den eigenen vier Wänden weiter. Im Jahr 1908 im Örtchen Santo Stefano Belbo geboren, verbrachte der Dichter den Großteil seiner Jugend in Turin, wo er Literaturgeschichte studierte und über Walt Whitman promovierte. Doch seiner ländlichen Heimat blieb er stets tief verbunden. Getrieben von der Erinnerung, kehren die Protagonisten seiner Romane, Erzählungen und Gedichte meist zu ihren dortigen Wurzeln zurück.

SÜSSE SÜNDEN

Turin ist bekannt für feinste Schokoladenspezialitäten. Dazu gehört auch die berühmte Gianduja, eine dreieckige Praline aus dunklem Nougat. Der Form nach erinnert sie an den Dreispitz der historischen Spaßmacherfigur Giròni aus dem 18. Jahrhundert, dem Inhalt nach ist sie mit Vorsicht zu genießen: Solch' süße Sünden können geradzu süchtig machen.

PORTO PORTUGAL NORDEN

Die Schöne am Douro
Lange im Schatten Lissabons hat sich Porto in den letzten Jahren in der ersten Riege der weltweiten Topreiseziele einen Platz gesichert. Und das zu Recht! Sehen Sie selbst!

Mittelalter live
Abseits der Küsten scheint in Nordportugal die Zeit stillzustehen – ein Besuch in den „historischen Dörfern" zwischen Coimbra und Porto ist ein besonderes Erlebnis.

OSTSEEKÜSTE MECK-POMM

Im Zeichen der Hanse
Wir stellen die Stadtschönheiten Rostock, Stralsund, Wismar, Greifswald und Anklam mit ihren Sehenswürdigkeiten ausführlich vor.

Strände ohne Ende ...
... und für jeden Geschmack mit guter Infrastruktur oder ganz naturbelassen. Finden Sie mit Hilfe des DuMont Bildatlas Ihr persönliches Strandparadies.

www.dumontreise.de

LIEFERBARE AUSGABEN

DEUTSCHLAND
207 Allgäu
216 Altmühltal
220 Bayerischer Wald
180 Berlin
162 Bodensee
217 Brandenburg
175 Chiemgau, Berchtesg. Land
237 Dresden, Sächsische Schweiz
152 Eifel, Aachen
157 Elbe und Weser, Bremen
168 Franken
020 Frankfurt, Rhein-Main
112 Freiburg, Basel, Colmar
231 Hamburg
026 Hannover zw. Harz und Heide
042 Harz
023 Leipzig, Halle, Magdeburg
210 Lüneburger Heide
188 Mecklenburgische Seen
038 Mecklenburg-Vorpommern
033 Mosel
190 München
047 Münsterland
223 Nordseeküste Schleswig-Holstein
006 Oberbayern
161 Odenwald, Heidelberg
035 Osnabrücker Land
002 Ostfriesland
164 Ostseeküste Mecklenburg-Vorpommern
154 Ostseeküste Schleswig-Holstein
201 Pfalz
040 Rhein zw. Köln und Mainz
185 Rhön
186 Rügen, Usedom, Hiddensee
206 Ruhrgebiet
149 Saarland
182 Sachsen
159 Schwarzwald Norden
045 Schwarzwald Süden
018 Spreewald, Lausitz
008 Stuttgart, Schwäbische Alb
239 Sylt, Amrum, Föhr
204 Teutoburger Wald
170 Thüringen
037 Weserbergland

BENELUX
156 Amsterdam
011 Flandern, Brüssel
179 Niederlande

FRANKREICH
177 Bretagne
021 Côte d'Azur
032 Elsass
228 Frankreich Südwesten Okzitanien
019 Korsika
213 Normandie
235 Paris
198 Provence

GROSSBRITANNIEN/IRLAND
187 Irland
202 London
189 Schottland
227 Südengland

ITALIEN/MALTA/KROATIEN
181 Apulien, Kalabrien
211 Gardasee
222 Golf von Neapel, Kampanien
163 Istrien, Kvarner Bucht
215 Italien, Norden
233 Kroatische Adria
167 Malta
155 Oberitalienische Seen
158 Piemont, Turin
014 Rom
165 Sardinien
003 Sizilien
203 Südtirol
039 Toskana
232 Venedig, Venetien

GRIECHENLAND/ZYPERN/TÜRKEI
034 Istanbul
016 Kreta
176 Türkische Südküste, Antalya
229 Zypern

MITTEL- UND OSTEUROPA
236 Baltikum
208 Danzig, Ostsee, Masuren
169 Krakau, Breslau, Polen Süden
044 Prag
193 St. Petersburg

ÖSTERREICH/SCHWEIZ
192 Kärnten
004 Salzburger Land
196 Schweiz
226 Tirol
197 Wien

SPANIEN/PORTUGAL
043 Algarve
214 Andalusien
150 Barcelona
025 Gran Canaria, Fuerteventura, Lanzarote
172 Kanarische Inseln
199 Lissabon
209 Madeira
174 Mallorca
225 Porto, Portugal Norden
007 Spanien Norden
219 Teneriffa, La Palma, La Gomera, El Hierro

SKANDINAVIEN/NORDEUROPA
166 Dänemark
212 Finnland
153 Hurtigruten
029 Island
200 Norwegen Norden
178 Norwegen Süden
151 Schweden Süden, Stockholm

LÄNDERÜBERGREIFENDE BÄNDE
224 Donau – Von der Quelle bis zur Mündung
112 Freiburg, Basel, Colmar
221 Kreuzfahrt in der Ostsee

AUSSEREUROPÄISCHE ZIELE
183 Australien Osten, Sydney
109 Australien Süden, Westen
218 Bali, Lombok
195 Costa Rica
234 Dubai, Abu Dhabi, VAE
160 Florida
036 Indien
205 Iran
027 Israel, Palästina
230 Kalifornien
031 Kanada Osten
191 Kanada Westen
171 Kuba
238 Marokko
022 Namibia
194 Neuseeland
041 New York
184 Sri Lanka
048 Südafrika
012 Thailand
046 Vietnam